현대신서
300

아이들에게 설명하는 이혼

파트리시아 루카스 / 스테판 르로이

이은민 옮김

東 文 選

아이들에게 설명하는 이혼

Patricia Lucas
Stéphane Leroy
Le divorce expliqué à nos enfants

© Editions du Seuil, 2003

All rights reserved
This edition was published by arrangement
with Editions du Seuil, Paris
through Bestun Korea Agency, Seoul

머리말

학교에서도, 친구네 집에서도, 주말이나 방학중 또는 크리스마스 때나 명절 때 가족들이 다 모였을 경우 및 송년 연극에서도 이혼이라는 말을 접한다. 이혼은 너무나 흔한 일이 되어 버려서, 우리가 밖으로 조금만 나가더라도 그에 따른 광경들을 쉽게 볼 수가 있다. 우리가 첫째·셋째·다섯째 토요일, 학교 문앞에서 마주치게 되는 이들은 대부분 아버지들이다. 이혼은 가정의 모든 일상사를 짓누르고, 각자에게 조금은 강제적이고도 특별한 명령을 내리며, 프랑스의 2백만이 넘는 아이들의 생활을 실제적으로 제재하거나 문제를 일으킨다.

끈질기면서도 당황하게 만드는 아이들의 질문에 어른들은 이내 아무 말도 하지 못하게 된다. 복잡하고, 고통스러우며, 아주 본질적인 주제와 닿아 있기 때문이다. 우리가 자녀들에게 이 사랑과 싸움, 희망과 실망으로 이루어진 이야기들을 하면서 어떻게 곤란을 겪지 않을 수 있단 말인가?

아이들은 이혼이 고통을 불러일으킨다는 것을 안다. 그들은 상황이 심해지면 질문마저 피한다. 아이들은 다 꺼진 불을 억지로 피우려고 들지만 그리 오랫동안 기다릴 수도 없다. 우리는 가장 성실한 대답이 가장 확실한 대답이기도 하고, 일어나지도 않은 문제들을 억지로 강요해 봤자 아무 소용이 없다는 것을 경험을 통해 배웠다. 그 나이가 몇 살이건간에 아이들은 상황을 인지하는 그들 특유의 리듬과 그에 따른 궁금증을 지니기 때문에 나름대로 이러한 것들을 표현한다. 이때 기억을 상기시키는 것이 옳은가라는 염려가 생기지만, 슬픔이나 고민 앞에 선 이 연약한 아이는 충분한 설명을 들을 자격이 있다.

이 책은 우리 부부가 아이들, 특히 큰 아이들, 즉 열여섯, 열넷, 열두 살의 세 사내아이들과 함께 나누었던 대화를 실었다.

내가 4년 전 재혼하였기 때문에 이 아이들은 더 어린 아홉 살, 다섯 살 반이 된 두 아이들과 함께 새로운 가정을 꾸리어 살고 있다. 재혼한 후 태어난 아이는 없다. 하지만 시간이 흐르자 아이들은 어른들과 더불어 그들끼리도 강한 유대감을 이루었다.

우리는 대화중에 여러 차례 웃음을 터뜨렸다. 3년 전까지만 해도 그것은 생각할 수 없는 일이었지만…….

차 례

자기의 삶을 선택하다
9

결 별
29

법
55

새 가정들
87

자기의 삶을 선택하다

Q 얼마 전에야 알았는데요, 우리 반 아이들의 절반 정도가 이혼한 부모와 살고 있더라구요. 어느 학교나 비슷할까요?

많은 수의 아이들이 그럴 게다. 요즘엔 세 쌍 중 한 쌍이 이혼을 하거든. 대도시에서는 두 쌍 중 한 쌍이 그렇고. 프랑스에서는 2백만 명 이상의 미성년자 부모들이 이혼을 했단다.

Q 2백만 명이라구요!

엄청난 숫자지. 하지만 거기에는 비교할 수 없는 상황들도 포함되어 있어. 흔히 말하는 것과 달리, 이혼이 사람들을 구별하여 특별한 부류에 포함시키는 정확한 구분은 아니란다. 어떤 경우에는 부부가 함께 살지만 집에 아이들이 없기도 하고, 어떤 경우에는 부부가 이혼을 하였어도 아이들이 없을 수도 있으니까. 모든 가정에는 그들만의 이야기, 그들만의 문제가 있고, 각각의 방식대로 가정을 꾸려 특별한 경우를 나타내기도 해.

Q 옛날에, 아주 오래전에는 이혼이 그렇게 많지는 않았던 것 같아요……

맞아…… 이혼은 70년대부터 크게 증가했지, 30년 전에 말이야.

Q 왜요?

그건 긴 이야긴데…… 먼저 이혼이 수세기 동안 금지되었고, 허용된 후에도 완전히 인정되기까지는 수십 년이 더 걸렸거든. '결혼은 했지만 더 이상 함께 살 수 없게 된 남자와 여자는 각자 헤어져 살 수 있고, 원한다면 다시 재결합할 수도 있다'는 이 단순한 생각을 받아들이기 위해 수많은 토론과 정치적 투쟁이 일어나야 했고, 또 법 조항이 차용되고 삭제되어야 했다는 걸 넌 모를 거다.

Q 그래도 억지로 사랑하라고 할 수는 없잖아요!

그야 '결혼'이라는 말에 어떤 의미를 부여하느냐에 따라 다르지. 지금까지도 사람들은 결혼에 대해 모두 다 똑같은 정의를 내리지는 않아. 그건 아주 특별하면서도 상징적이고, 법적인 관계거든.

Q 그게 무슨 뜻이에요?

결혼에는 서로 나눌 수 없는 양면이 있다는 뜻이야. 한편으로는 아주 강한 모습이 있어. 그건 지속적인 사랑과 성실성을 상징하지. 다른 한편으로는 게임의 단순한 법칙, 부부가 어떻게 함께 살아가고 나누고 재산을 물려 주는가를 명시하는 계약 같은 게 있어. 우리가 살고 있는 시대에서 결혼은 이 두 가지 정의를 절충해야 하는 거란다.

Q 하지만, 도대체 결혼이 뭐예요?

결혼이란 한 사람의 남자와 여자가 결합하여 가정이란 보금자리, 즉 같이 살고 공유하고 수대에 걸쳐 이어지는 공간을 만들게 되는 도덕적 행동이란다.

Q 결혼하지 않고서도 보금자리를 만들 수 있잖아요, 안 그래요?

물론이지. 하지만 그 경우, 그런 행동에는 다른 가치가 있어. 그건 개인적이고 사적이며, 다른 사람들의 시선은 개의치 않으니까. 하지만 요즘 시대에 거의 모든 형태의 가정은, 결혼을 하건 안하건 법으로 인정된단다.

Q 반드시 결혼을 해야 살 수 있나요?

만일 그렇다면, 왜 우리가 이혼에 대해 이야기하겠니! 사실 가톨릭에서는 결혼을 인간이 마음대로 풀 수 없는 신성한 관계로 만들어 버렸단다. 13세기, 이런 사상이 처음 등장했던 이유는 젊은 부부들을 보호하고, 가문의 이익을 위해 혼인을 '주선하여' 성사시키거나 또는 파혼시키던 친족의 권력을 줄이기 위해서였지. 하지만 요즘 법은 그런 특정 종교의 견해를 담고 있지 않단다. 같은 나라에서 살고 있는 모든 사람들에게 해당되어야 하니까. 그렇기 때문에 시장 앞에서 이루어지는 민법상의 결혼만이 법적 효력을 갖는 거란다. 그런데 이 법은 모든 결혼이 매번 특정한 조건에서 파기될 수 있다는 걸 미리 밝혀두고 있어.

Q 하지만 아빠는 조금 전에 결혼이 아주 중요한 행위라고 하셨잖아요……. 원할 때 그걸 파기할 수 있다면, 그렇지도 않네요?

아니지, 어느 누구라도 다음날 헤어지려고 결혼하지는 않으니까. 사람들은 자신의 삶과 다른 사람들의 삶을 구속하고, 꾸준히 선택을 하면서 살아간단다. 하지만 그 사이 중요한 변화가 생기지. 늙고, 성숙해지고, 변하면서 말이야. 몇 년이 지나면 처음에 결혼하던 상황과 아주 많이 달라지기도 해. 이런 이유 때문에 요즘의 법은 결혼의 상징적 측면인 행위와 관련된 결혼의 실질적 측면인 계약을 우선시하는 거란다. 사태가 두 사람을 힘들게 하고 고통스럽게 하는 식으로 달라졌다면, 둘 중 한 사람이 상대방에게 나쁜 짓을 했다면, 아니면 두 사람 모두 더 이상 서로를 사랑하지 않는 상태가 된다면, 이 계약은 아마 파기되겠지. 하지만 정해진 항목들을 제대로 지키기만 하면 남편과 아내는 서로의 것들을 공유할 수 있고 아이들의 삶을 함께 꾸려 갈 수 있단다.

Q 제 생각에는 결혼하는 편이 더 나을 것 같아요…….

넌 당연히 무한한 행복을 원하겠지. 아마 진심으로 그걸

바랄 거야. 지금 네 말은, 결혼과 사랑이 분명 서로 조화를 이룬다는 뜻인 것 같구나. 하지만 그것은 매우 현대적인 방식이야.

Q 그럼 옛날에는 사랑해서 결혼하지 않았단 말이에요?

늘 그런 것은 아니었지. 이익 때문에 결혼을 하기도 하고, 두 가문의 연대를 굳히기 위해, 상속자로 인정하여 재산을 물려 주기 위해 결혼을 하기도 했으니까. 사실, 결혼은 아주 엉뚱한 질문을 하면 어쩔 수 없이 대답을 하려고 만들어진 것 같아······.

Q 그게 뭔데요?

아버지의 진짜 아들이라는 것을 어떻게 증명할 수 있을까?

Q 그건 너무 쉬워요, 서로 닮았으니까요. 우리를 낳아 주신 분이 아버지잖아요!

닮았다는 것만으로는 증거가 못 돼. 하지만 여자가 있다면 거의 의심할 필요가 없지. 여자의 배가 불러와 임신이 되면 증인들이 생기니까. 그럼 아버지 쪽은 어땠냐구? 부성은 무엇보다도 진실한 말에 있어. 그는 자기 자식을 알아보고, 아이의 이름을 지어 주지. 증거로서는 조금 부실하지만······.

Q 하지만 왜 그게 중요한 거예요?

모든 아버지가 자기 자식들을 인정하지 않는다면 무슨 일이 생길지 생각해 봐. "아니, 저 아이는 원치 않아. 왠지 다른 사람의 아이라는 생각이 들어······"라고 하면서 말이야. 이런 단정은 증명하기도 힘들지만 반박하기도 힘들단다. 유산을 상속해야 할 경우엔 온 가족이 불화를 겪을 거야.

Q 엉망진창이 되겠군요!

그래, 하여 중세 때부터 지금까지 유럽 전역에 혼인 의식이 거행되기 시작했단다. 부부는 충실하겠다는 서약을 항상 해야 했고.

Q 그게 무슨 뜻인데요?

다른 사람을 사랑하지도, 다른 사람과의 성관계도 절대

갖지 않겠다는 다짐이야. 예전에 이 서약을 지키지 않았던 사람들은 심한 벌을 받았고, 특히 여자들에겐 더욱 엄했단다. 어떤 여자들은 사형을 선고받거나, 유배당하거나, 재산을 모두 빼앗겼단다. 하지만 가장 심각한 것은, 어떤 나라에서는 이런 끔찍한 일이 지금까지도 일어난다는 거야.

Q 왜 남자들보다 여자들에게 더 엄한 거죠?

그야 물론 여자들이 자기 남편이 아닌 다른 남자의 아이를 임신하지 못하게 하려는 것이지. 그렇게 함으로써 아버지와 그의 상속자들을 확실하게 지명할 수 있거든. 그러면 더 이상 의심하지 않아. 때로는 가문이 몇 대에 걸쳐 얻은 영토, 재산이나 재물을 지킬 수가 있었던 거야. 죽음이 다가온 아버지는 맏아들에게 가부장의 책임을 물려 주었단다. 이런 체제에서 의붓형제나 사촌누이들, 그리고 팔촌이 그 자리를 대신하기는 분명 어려웠을 거야……. 당시에는 재혼할 수 없었단다. 만일 그랬다면 그런 가정은 그 사회의 전체 조직을 혼란에 빠뜨렸을 테니까.

Q 부부가 더 이상 사랑하지 않을 수도 있잖아요. 그럼 그 사람들은 어떻게 했어요? 그냥 사랑하는 척해야

했나요?

 힘 있는 자들에게는 결혼 제도를 비켜 가는 방법들이 있었지. 두 집 살림을 꾸릴 수 있는 사람들은 원래 자기 집에서 떨어져 살았지만, 그렇다고 혼인 자체가 파기되지는 않았단다. 두 사람 가운데 한 사람이 재혼하고 싶어하면, 그는 결혼이 무효임을 교황으로부터 인정받아야 했단다! 하지만 모든 사람들이 이런 절차를 밟은 건 아니야. 앙리 4세는 마르그리트 드 발루아와 결혼을 하였지만 자식을 낳지 못하자, 마리 드 메디시스와 새로이 결혼하기 위해 그러한 절차를 이용했지. 바로 그게 앙시앵 레짐하에서의 예외적인 '이혼'이 된 거야.

Q 언제쯤 이혼이 합법적으로 인정되었는지는 아직 말씀해 주시지 않았어요.

 그런 생각은 프랑스 혁명기에 제기되었단다. 민법상의 결혼이 고안된 후 1년이 지나서였지. 당시에 그것은 여성들의 엄청난 승리였어. 이혼을 통해 남자들의 절대적인 힘으로부터 벗어날 수 있었으니까. 자신들의 의사와는 무관하게 포악하고 폭력적인 남자에게 시집을 간 여자들은, 결국 원한다면 그들과 헤어져 재혼할 수가 있게 되었지. 하여 헤어져 살면서도 결혼을 파기할 수 없었던 많은 부부들이 이혼을 하려고 서둘렀어. 그러자 두려워지기 시작했어……. 그래서 교회가 압력을 가하는 가운데 이혼할 수 있는 자유가 축소되었다가, 결국엔 폐지되었단다.

Q 어쩌면 더 조용했던 시기였겠네요?

오히려 엄청난 위선의 시기였단다. 이혼을 금지시킨다고 부부가 사랑하지 않는 일이 생겨나지 않은 것도 아니었고, 어떤 부부들은 몰래 이혼을 했으니까. 플로베르와 모파상·졸라 같은 작가들은, 소설에서 19세기 유명한 가문들의 표면 너머에 감춰져 있는 거짓말과 비밀·간통 같은 것들을 아주 많이 썼었지. 프랑스에서는 1884년이 되어서야 이혼이 다시 허용되었단다. 기나긴 정치적 투쟁이 지난 후였지.

Q 제 생각엔 그때에도 이혼이 다시 많이 늘어났을 것 같아요.

아니, 그 전보다는 적었단다. 이혼의 원인을 죄의 결과로 생각했으니까.

Q 그게 무슨 말이에요?

그건 그야말로 소송을 말한단다. 상대방이 결혼 생활에서 지켜야 할 사항을 어겼다는 증거를 대면서 부부 중 한쪽이 이혼을 요구하였지. 그러니까 그 사람은 혼인의 파기에 책임이 있는 것이고, '유죄'가 되는 거지. 하지만 이런 과정은 시간과 비용이 많이 든단다. 증거와 증인을 수집해야 하고, 변호사를 고용해야 하니까. 여자들은 이런 상황에서 결코 이혼을 요구할 수가 없었지. 여자들은 혼자서 생활비를 감당할 수도, 남편의 허락 없이는 일을 할 수도 없었어. 확실한 피임법이 없었기에 아이가 생기면 몇 명을 낳아야 할지를 결정할 수도 없었고. 그 시대에 여자가 이혼을 하고, 남편을 떠난다는 게 얼마나 힘들었을지 상상해 봐. 아무 도움도 없이 먹여 살려야 할 아이들과 함께 혼자 남을지도 모르는 위험을 무릅쓰면서 말이야. 그래서 대부분의 여자들이 포악한 남편을 견디는 쪽을 택했는지도 몰라……

Q 남자들한테는 이런 문제가 없었나 보죠. 그렇다면 왜 그들 역시 이혼을 하지 않았나요?

여자들처럼 남자들도 가정을 함부로 깰 수 없다는 무거

운 전통을 견딘 거지. 그후 가정 생활에서 느끼는 그들의 부담은 줄어들었어. 상당 부분 거기에서 벗어났으니까. 그들은 배우고 일하고 정치에 참여할 수 있거나, 그들만의 오락을 즐길 수 있었어. 결국 남자가 가정의 유일한 주인이 되는 사회가 되자, 이혼 요구 자체가 그의 명령에 뭔가 잘못된 점이 있음을 인정하는 것이었어. 자신의 나약함을 고백하는 셈이었지.

Q 그런데 대체 무슨 일이 일어났길래 사정이 달라진 거죠?

지금도 종종 빚어지는 배우자의 과오로 인한 이혼은 철폐하지 않으면서, 1975년 7월 11일 법은 '합의' 이혼을 인정했단다. 그때부터 헤어지기 위해 꼭 고소할 필요가 없어진 거지. 이혼에 동의하기 위해 자신들이 어떻게 그런 결정을 하게 되었는지 설명하지 않고서도, 두 사람이 다 자신들의 혼인 상태를 파기해 달라고 요구하기만 해도 되었던 거야.

Q 그럼 그 법으로 모든 것이 바뀌게 되었나요?

아니, 가장 큰 변화는 다른 데서 생겨났어. 20세기에 들

어서야 여자들은 투쟁하여 집을 나갈 수 있는 권리, 평등한 개인과 시민으로서 살고 인정받을 수 있는 권리를 얻게 되었단다. 차츰 여자들은 세상에 눈을 뜨게 되었고, 일하면서 다른 여자들을 만나고, 공적인 생활에 참여하고, 또 책임을 맡게 되었지. 피임약의 발명 역시 남자들에 대한 여자들의 요구를 완전히 바꿔 놓았단다. 이러한 발명에 힘입어 여자들은 원할 때, 즉 어머니로서의 책임을 감당할 준비가 다 되었다고 느낄 때 임신할 수 있게 되었어. 성욕과 임신은 별개의 것이 되었단다. 그들은 사랑하면서 성적 관계를 가질 수 있었고, 아이를 낳는다는 것과는 상관없이 누군가와 쾌락을 누리게 되었어. 이와 같이 여자들은 20세기중에 자신들의 운명에 대한 주도권을 쟁취했단다. 추구해 왔던 생활이 즐겁지 않다면, 그때부터는 다른 삶을 꿈꿀 수가 있었어. 오늘날 이런 경우의 68퍼센트가 처음부터 이혼을 요구한다는구나.

Q 하지만 왜 꼭 떠나고 싶어하죠? 조금만 노력하면, 아무것도 달라지지 않고서도 훨씬 더 행복한 생활을 할 수 있을 텐데요?

네가 말한 대로, 부부의 역사는 항상 차이와 결점·욕망을 지닌 채 상대방을 인정하기 위해 행복과 '작은 노력'이 필요한 혼합체란다. 하지만 오늘날, 우리들 각자가 누리는 자유 때문에 보다 많은 요구를 하게 되었어. 게다가 생활 자체도 최근 반세기 동안 획기적으로 달라졌지. 즉 오늘날 수명은 훨씬 더 길어져, 보다 오래 살 수가 있게 되었어. 또 살아가면서 사건도 훨씬 더 많아졌고. 직업과 종교, 심지어는 사회적 여건을 바꾸기도 하고, 여러 사람들을 만나며, 여행을 하지. 평생 변화 없이 고정된 것처럼 보였던 것들에 갑자기 움직임이 생긴 거야. 일생 동안 조화를 이루며 살아가기 위해 쏟아야 할 '작은 노력들'은 예전보다 훨씬 더 중요한 의미를 갖게 되었단다. 왜냐하면 우리들 모두가 자기 자신을 위한 삶을 창조해 갈 자유를 요구할 수 있다고 생각하거든.

Q 이런 상황인데도 사람들이 계속해서 결혼을 하는 이유를 점점 더 모르겠어요……. 한편으로 그들은 구속되기를 바라지만, 다른 한편으로는 자유로워지기를 바라고. 제대로 이루어지지 않는 건 당연해요!

아마 사람들에게는 그저 의식과 축제·상징이 필요한 것인지도 몰라. 자유가 너무 많으면 고독해지고 마니까. 그래서 사람들은 집단 속에서 인생의 중요한 단계들을 함께 나누기 위해 만나고, 모여야 한다고 느끼지. 결혼이란 무엇보다도 서로 사랑해서 두 사람의 사랑 위에 여러 가지 계획들을 세우는 남자와 여자의 의식이야. 사람들은 결혼식에서 중요한 말들을 한단다. 성실·도움·미래 같은 ……. 그것은 증인 앞에서 두 사람이 엄숙한 약속을 하게 하는 실존의 흔치 않은 중요한 순간이기도 하지. 고대부터 이러한 맹세는 결혼반지를 교환하면 확실하게 굳어졌단다. 반지를 낀 손가락의 신경이 심장까지 이어진다고 믿었거든. 정말 훌륭한 생각 아니니?

Q 이혼을 했다면, 그 약속은 진실이 아니에요?

아니, 그건 진실이야. 다른 것도 마찬가지고. 이혼을 하는 것은 한평생 살면서 변화가 생기고, 새로이 깨닫고, 다른 사람들을 만나면서 두 사람의 욕망이 일치되기가 어렵기 때문이야. 세상은 빠르게 변하고, 그 속에 살고 있는 우리도 그래. 사람들이 함께 살 생각을 하는 순간엔 진실하다고 믿었던 것이, 그후 5년이나 10년 뒤에도 여전히 그렇지는 않을 테니까.

Q 그럼 아빠는 결혼에 찬성하는 쪽이에요, 반대하는 쪽이에요?

나는 행복에 찬성해. 그런데 요즈음 우리에게 주어진 기회란 것은, 우리가 생각하는 행복이란 정의를 어느 누구도 추구하지 못하도록 하지 않는다는 거야. 거의 모든 유형의 가정을 법은 인정한단다. 부모가 결혼을 했던 이혼을 했던, 재혼을 했던 독신이던, 그 아이들의 권리는 다 똑같아. 그렇다고 이런 상황을 서로 비교할 수 있다거나, 또 이런 상황을 견디기가 아주 수월하다는 뜻은 아니야……

Q 어떤 어른들은 자신이 신중하게 행동한다고 간혹 생각하는 것 같아요…….

그게 함정이야. 하고 싶은 일을 할 수 있을 때, 사람들은 잘못 생각해서 실수를 저지를 수 있거든. 그렇기 때문에 어른에게는 중대한 책임이 있는 거란다. 하지만 반대로 어떤 유일한 전형을 받아들여야 할 때, 사람들은 위험을 무릅쓰고 자기 입장을 외면한단다. 이런 일이 훨씬 더 절망적이 될 수 있어.

Q 우리 증조할아버지·할머니 때에는 절대 이혼을 하지 않았나요? 그분들은 지금보다 더 불행했었나요? 저는 그분들도 이렇게 많은 질문들을 던지셨는지 궁금해요…….

난 그분들이 어떤 철학적 기준에서 이 모든 것을 고려하셨을 거라고 생각해. 그분들이 보기에 자신의 삶에는 어쩔 수 없이 희생해야 할 부분이 있었거든. 그분들은 국가와 종교·전통을 위해, 아이들의 미래와 배우자의 행복을 위해 희생하셨어. 우리 시대와 그분들의 시대에서 가장 많이 달라진 점이 바로 그게 아닐까 싶어. 오늘날 우리는 이런 생각을 쉽게 받아들일 수가 없거든. 이런 생각은 우리에게는 폭력적이고 극단적으로 보이니까. 신기하게도 사람들은 이혼에서 빚어지는 폭력보다 희생의 폭력을 더 두려워해. 하지만 한 가정의 해체는 그 구성원 어느 누구도 면할 수 없는, 아주 먼 친척들에게까지 그 흔적을 남기는 심한 충격이란다. 이제 이혼에 관한 이야기에서 가장 힘든 부분을 말해 줄 때가 된 것 같구나…….

결 별

Q 아빠하고 엄마가 이혼했을 때, 저는 무슨 일이 일어난 것인지 도통 몰랐어요. 어느 날, 아빠와 엄마가 제게 말씀하셨으니까요. 저는 심각하다고 생각했지만, 무엇이 달라지는 것인지 잘 몰랐어요.

전에 살던 방식이 아닌 다른 방식을 전혀 모르는 상태에서 그런 것을 상상하기란 매우 힘든 일이지. 흔히 아이들은 어른들이 민감하게 느끼는 것을 공유하고 싶어하다가도, 동시에 알고 싶지도 않아하는 법이란다. 귀를 열었다가 닫고 말지. 자기가 하고 싶은 일이나 할 수 있는 일은 뇌에 기록하지만 말이야. 그리고 일은 점점 더 복잡해지지. 그럴 때 어른들의 설명은 거의 명확하지도 않단다. 왜냐하면 그들도 자기들한테 무슨 일이 생긴 것인지 통 모르거든……

Q 사실, 엄마랑 아빠가 더 이상 서로를 사랑하지 않으신다는 걸 저는 몰랐어요……

가끔은 당사자들조차도 미처 깨닫지 못하는 경우가 있어. 더 이상 다른 식으로 손쓸 수 없을 때까지 말이야.

Q 어떻게 그럴 수 있죠?

보통은 고백하고 싶지 않은 일들을 혼자서만 간직하는 거지. 왜냐하면 이런 일들은 꿈과 희망이 끝난다는 것을 말해 주니까. 부부 사이의 불편함은 겉으로 드러나지는 않지만, 확산되면서 점점 커진단다. 이때 '폭로자'가 끼어들게 돼. 그리하여 어떤 만남·위기·충격으로 인해 애정이 없다는 것이 드러나고, 견딜 수 없는 상태가 되어 버린단다. 아이들과 주변의 어른들 역시 무슨 일이 일어나는지 몰랐다가, 문제가 터지면 갑자기 추락하게 되는 거지. 반대로 벗어날 수도 없는 힘과 두려움 속에서 옴짝달싹할 수 없기 때문에, 끊임없이 싸우면서도 수년 동안 같이 살고 있는 부부들이 있어. 그들은 분노와 난장판이 된 집안에 익숙해져 있지. 결국 그들은 더 이상 그런 일에 신경을 쓰지 않게 돼. 둘 중에 한 사람이 그 게임에서 벗어나 떠난다든가 하면 충격은 더욱 커진단다.

Q 이사를 하기 전 집안 분위기가 아주 침울했던 때가 생각나요. 식구들은 더 이상 같이 놀지도, 웃지도, 따뜻하게 바라보지도 않았어요. 왜 아무 일도 일어나지 않았던 거죠? 아빠랑 엄마는 무얼 기다리신 거예요?

결별을 준비하고 있었단다. 흔히 중대한 결정을 내릴 순간과 실제로 그 결정을 내리는 순간 사이에서, 우리는 어쩔 수 없이 혼란스런 시간을 보내게 된단다. 그게 지속될 때는 견디기가 아주 힘들지. 부부들은 이 기간에 상대방에게 자기 이야기를 하고, 계획을 세운단다. 또 다른 사람들은 사소한 불쾌한 생각들에 매달려 침묵을 지키기도 하지. 이 모든 경우 아이들은 더 이상 자신들이 관심의 대상이 아니라는 점, 가족들이 자신들한테 신경을 써주지 않는다는 점을 당연시 받아들이게 된단다. 무엇보다 부모들에게 해결해야 할 실질적인 문제들이 아주 많다는 것은 사실이란다.

Q 어떤 문젠데요?

떠나는 사람은 어디에 살지, 어떤 가구들을 들여놓을지 생각해야 하고, 소지품을 챙기고 이사를 준비해야 한단다. 돈을 구해야 하고, 또 집안 사람들과 친구들에게 무슨 일이 일어났는지를 알리고, 혹시 생길지 모를 전학도 준비해야 하고, 수많은 행정적인 일들을 처리해야 하며, 일상적인 일들을 거듭 생각해야 하지……. 이 시간 동안 우리가 익숙해져 있던 세계는 여전히 순간순간 그대로인 것 같지만 그 전과는 분명히 다르단다. 어느 날 저녁에는 마치 아무 일도 없었다는 듯이 일제히 웃음을 터뜨리지만, 그 다음날의 집안 분위기는 또 아주 무겁게 가라앉아 있기도 하지. 사람들은 다가올 며칠 동안 무얼 할 것인가 계획하지만, 다음번 휴가는 더 이상 생각할 수가 없단다. 온 집안에 혼란스런 감정이 가득해지지. 아무것도 아닌 일로 서로 싸우고, 울고, 껴안으면서 말이야. 더 이상 상대방에게 어떻게 말해야 하는 줄도 몰라. 공기중에 마치 전기가 흐르는 것 같아. 아주 사소한 말로도 불꽃이 일어나니까…….

Q 그때 전 화가 났어요. 저는 엄마 아빠를 화해시키기 위한 어떤 것도 하고 싶지 않았어요. 우리가 싸울 때, 엄마 아빠 화해하라고 하시면서 왜 이혼하는 사람들은 화해할 수가 없는 거죠?

결별은 일시적인 갈등의 결과라기보다는 오랫동안 일어난 무관심의 결과란다. 아침에 일어났을 때 기분이 나빴다거나, 그 전날 밤에 싸웠다고 해서 이혼을 하지는 않거든.

앞서 불화나 불만의 징조들이 생겨나고, 대화를 해보려 노력하고, 종종 해결책이 생기지만 결국 아무것도 해결되지가 않지. 마치 휘어지고, 금이 가고, 안쪽부터 부서지는 나뭇가지랑 비슷하다고나 할까. 마침내 나뭇가지가 부러졌을 땐 이미 늦은 거지.

Q 하지만 각자가 떨어져 산다고 해서 상황이 더 나아지나요?

안됐지만, 초기에는 훨씬 더 힘들다는 사실을 털어놓아야겠구나. 다른 시련들이 생기는데, 그것에 직면한 후에야 다시 균형을 잡을 수가 있단다. 가정이 깨어진 후, 어느 정도의 평온을 되찾기까지는 1, 2년이 걸려. 그러기 전에는 신상에 변화를 가져오는 이사를 해야 하고, 새로운 이웃들과 사귀어야 하고, 아이들의 거처를 살펴야 하고, 또 아이들이 새로운 환경에 적응할 수 있도록 도와 주어야 한단다. 게다가 혼자 힘으로 아이들의 교육을 챙길 줄 알아야 하고, 배우자 없이 가정을 꾸릴 줄도 알아야 하고, 법적인 문제들을 해결하고, 여러 가지 생각들이나 가까운 이들로부터의 단순한 호기심들을 견뎌내야 해……. 각각의 부모에게 이 시기는 신경이 엄청 많이 쓰이는 때란다.

Q 하지만 두 사람 중 한 사람이 원한 거잖아요!

그래, 두 사람 모두가 이혼에 동의했더라도, 두 배우자 가운데 한 사람이 시동 역할을 하지. 그는 사건을 일으키고, 그렇게 함으로써 몹시 괴롭지만 이득을 얻는단다. 왜냐하면 미래의 자기 생활을 생각해 본 연후에 일으킨 거니까. 다른 한쪽은 자신이 원치 않았던 변화를 겪어야 하고, 크나큰 시련 속에서 수개월 동안 과거와 이별을 하게 되는 거지.

Q 그럼 맨 처음 이혼을 요구한 사람의 태도가 이기적인 게 아닐까요?

떠나는 사람은 양어깨를 짓누르는 무거운 책임을 지는 거지. 그는 자기가 선택한 것이 배우자와 아이들의 생활에 심한 혼란을 가져오리라는 걸 잘 알고 있어. 정작 그들 자신은 아무것도 바라지 않았는데 말이야. 자신의 계획대로 수행하고 싶다면, 그는 아주 강한 의지 속에서 행동해야 해. 어떨 땐 이기주의자처럼 보이더라도 말이야.

Q 그럴 경우 간혹 상황이 더 나빠지는 것 같던데…….

아이들과 마찬가지로 어른들도 이러한 위기 동안 엄청난 스트레스에 시달린단다. 해결해야 할 실질적인 일 이외에도, 각자는 극심한 감정 변화를 제어할 수 있어야 해. 분노와 질투·비애·죄책감 같은 감정 말이야. 온갖 문제들이 포개지고 확대되고 짜증스런 일들을 불러일으키는데다가, 합의 이혼을 할 때조차 서로 싸우기도 하거든. 스트레스는 신경질과 공격성 혹은 반대로 자폐, 타인들과 소통하지 못하는 증세로 나타나기도 해.

Q 미리 알았다면, 몇 가지 문제들을 해결하도록 엄마 아빠를 도울 수 있었을까요?

아니, 이혼할 때 그 부모를 돕기 위해 아이들이 할 수 있는 일이란 아무것도 없단다. 부부라는 것이 단지 아빠와 엄마만을 뜻하는 건 아니거든. 그들은 계획과 의논, 어른으로서의 욕망을 함께 나누는 남자와 여자이기도 하지. 그러니 이런 그들의 생활에 아이들이 접근하기가 쉽지 않는 거란다.

Q 그럼 적어도 우리의 생각은 어떤지 물어봤어야죠.

난 그렇게 생각지 않아. 설령 오늘 그러한 일이 일어난

다 하더라도, 난 너희들에게 엄마 아빠 가운데 한 사람을 선택하라고, 어제의 생활과 오늘날의 생활 가운데 하나를 선택하라고 하지는 않겠어.

Q 왜요?

아빠와 엄마의 문제이니까. 다시 말해, 너희들과는 별개의 문제야. 물론 그들의 모습이 너희들에게 조금씩 심어져 있기는 해도 말이야. 그런데 네가 부모들 사이에서 중재자 역할을 하고, 또 부모의 불화를 해결하여야 했다면, 위험을 무릅쓰고 이 두 사람에게서 베어내야 할 것은 너희들 자신이야. 이혼할지, 아니면 계속해서 같이 살아야 할지를 선택하고, 또 이혼을 선택하고 나면 이후 어떻게 살아가야 할지는 오로지 어른들끼리만 할 수 있는 질문이란다.

Q 아기를 낳은 지 1년밖에 안 되었는데도 이혼한 부부가 있어요. 그런데 아빠는 이혼이 집을 나가기 훨씬 전부터 시작된다고 말씀하셨잖아요. 그럼 그들은 왜 아기들을 낳은 거죠?

사람이란 둘이서 동시에 한 가지만을 느끼도록 입력된 기계가 아니니까. 우리에게 다가오는 일을 추측하기 위해 남아 있는 모든 사랑을 가장 많이 이용해 보려고 할 때가, 가끔은 서로 소리 없이 멀어지고 있을 때란다. 그런 식으로 생긴 아기들이 많아. 그 아기들은 사랑의 마지막 불꽃으로 만들어진 셈이지……. 그런 아기들도 다른 아기들만큼이나 귀하고, 그들에 대한 부모의 사랑에 있어서도 모자람이 없단다.

Q 하지만 가끔은 자녀들 때문에 이혼하기도 하잖아요?

아니, 그렇진 않아. 그건 내가 너한테 잊으라고 말하고픈 생각이기도 해. 확실히, 아기가 태어나면 남자와 여자의 생활에 있어서 많은 것들이 혼란스러워진단다. 그들 역시 그때까지는 아이였거든. 그런 그들이 아빠와 엄마가 된 거지. 이러한 시각의 변화 때문에 어쩔 수 없이 성숙해지고, 변화하게 돼. 자기들에게 생긴 새로운 역할 때문에 비틀거리고, 억지로 끌려가게 되며, 그저 서로 사랑하는 젊은 부부였을 때에는 미처 깨닫지 못했던 행동들을 제 스스로 터득하게 되지. 그러다가 그때까지 감춰져 있던 문제들이 아이 때문에 보이게 되는 거란다. 하지만 아이가 이혼의 원인은 절대로 될 수 없어.

Q 아이들이 바보짓을 한다든가 해서 늘 싸우는 부모

들이 있던데요.

 아직은 달리 행동할 줄 몰라서 그렇건, 그들이 그런 식으로 관심을 끌려고 그렇건 간에 모든 아이들은 바보짓을 한단다. 그건 지극히 정상적인 일이야. 그러면 사람들은 설명을 하고, 경우에 따라서는 벌을 주기도 하지. 다시 말해, 모든 경우 교육적 원칙을 따른단다. 부모가 아이의 바보짓 이후에 싸운다고 하더라도 그것은 아이의 행동 때문이 결코 아니야. 원인은 부모가 아이에게 어떤 교육을 시킬지 서로 합의를 보지 못했기 때문이란다. 실제로, 아이들 때문에 이혼하는 이들은 없어. 물론 아이들 때문에 다시 모여 살지도 않지만 말이야.

Q 혹시 아이들을 더 이상 사랑하지도, 아이들과 사이가 좋지도, 아이들을 책임질 수 없는 일도 생기나요?

 그럴지도 모르지……. 부모가 아무 설명 없이 사라지거나, 아이들과 조금씩 멀어지는 일도 있지. 기껏해야 자기들의 존재를 점점 뜸해지는 편지나 전화로 알리면서 말이야. 아이들에게는 힘들고 고통스런 상황이지. 아이들은 그럴 때 부모가 아무것도 아니고, 아무것도 해줄 수 없다는 생각을 하게 된단다. 그러나 이혼한다 해서 모두가 그렇지는 않아.

Q 왜요?

두 성인 사이의 끈과 부모와 아이들을 이어 주는 끈은 서로 다른 성질의 것이니까. 전자는 각자가 선택하여 서로의 차이와 닮은 점을 통해 합의가 된 끈이야. 후자는 똑같은 정체성을 가진 두 사람이 서로를 알아봄으로써 생기지. 그것은 우리가 어디에서 왔는지, 어떤 사람인지를 말해 주고, 미래에 어떤 모습이 될지를 생각할 수 있게 해줘. 부모와 자식들이 인정하지 않더라도, 서로를 다시 보지 않을 때조차, 그들이 서로를 알아보지 못할 때조차, 그들은 '헤어질' 수가 없단다. 그들의 과거는 영원히 이어지거든. 다음 세대까지 계속해서……

Q 그럴 수 없다는 것은 알지만, 그래도…… 혹시 부모가 이혼 후에 다시 결합하기도 하나요?

드문 일이지. 어느 날, 내 친구 가운데 한 여자는 남편에게 집과 아이들을 맡기고 몇 달 동안 떠나 있었단다. 그리하여 그들은 각자 자기들이 어떻게 살고 있는가를 생각하게 되었어. 그들이 다시 만났을 때, 많은 대화를 나눈 후

중대한 결정을 내렸지. 이사를 했고, 직업과 그간 해오던 활동, 일하는 시간을 바꿨고, 아이들을 새로운 학교로 옮겼단다.

Q 그런데요?

그 사이 모든 습관이 달라진 거야. 어느 순간 똑같은 사람들이 새롭게 다시 만나서 살았지만, 그들은 전과 똑같은 가정을 이룰 수가 없었지. 물론 이러한 변화는 부모가 서로에게 애정을 느낄 때에만, 또한 그들이 생활을 바꾸고 싶다는 점에 전적으로 동의할 때에만 가능하지. 이 경우 헤어졌던 것은 진정한 결별이 아니라 오히려 휴지기, 생각할 시간이 되었던 거야. 하지만 불화의 골이 깊다면, 더 이상 짜맞추어지지 않는 조각들을 다시 이어 붙이려고 애쓰면서 지나치게 에너지를 소비할 것이 아니라, 각자 자신의 삶을 다시 시작하고 싶은지를 신속하게 확인해야 한단다.

Q 사실, 우리가 요즘처럼 살았으면 좋겠다는 생각이 들어요. 하지만 다른 방법들이 더 있을 거라는 생각도 들어요······.

모두 다같이 모여서 사는 거? 우리와 네 부모들이 한집에서?

Q 맞아요, 그거예요. 그게 불가능하다는 것은 알지만 종종 그런 생각이 들어요.

 넌 혼자가 아니야. 모든 아이들이 자기가 좋아하는 사람들을 주위에 붙들어 두고 싶어하지. 또 그것은 아주 정상적인 반응이야. 하지만 난 이 질문에 너 자신이 이미 어떤 대답을 해야 할지 알고 있다고 생각하는데. 실제로 그것은 불가능하단다. 분명 부모가 이혼한 후 좋은 관계를 유지할 때라면, 아이들에게 중요한 사건들이 있을 때 함께하기 위해 간혹 만날 수는 있어. 하지만 보통 그러한 만남은 그저 거기에서 그친다는 거야. 그들에게 공통 화제란 이미 끝난 후거든. 그들은 같은 곳으로 휴가를 떠나지도 않고, 저녁 때 친구들이랑 같이 외출하지도 않아. 서로의 생활이 있고, 친구들이 있으며, 각자의 집과 살아가는 방식이 있어. 사정이 더 이상 전과 같을 수 없다는 걸 어떤 지점에서 인정하기 어려운지는 잘 알아……. 하지만 첫번째 가정을 단념할 때 비로소 우리는 같이 살지 않는 두 부모 사이에서 제자리와 자신의 행복을 발견할 수가 있단다.

Q 단념한다는 게 무슨 뜻이에요?

우리가 늘 생활하던 작은 세계는 이제 사라져 버렸고, 더 이상 그 세계는 되돌아오지 않을 거라는 사실을 받아들여야 한다는 뜻이지. 처음에는 극심한 상실감이 우리의 생각과 꿈을 침범하고, 끝없이 후퇴시키고, 신체적으로도 고통스럽게 만들지. 과거가 사라졌다는 사실을 미련 없이 받아들일 때까지 말이야.

Q 요즘에도 전 아빠네 집에 있을 때면 꼭 엄마 생각을 하게 돼요. 그럼 아주 슬퍼지고, 괜히 이유도 없이 눈물이 나요…….

나 역시 그렇단다. 행복할 때 종종 우리는 곁에 없는 사람의 목소리를 몹시 듣고 싶어하고, 그 순간을 함께 나누고 싶어하지. 우리는 사랑을 나누고 싶어하지만, 그럴 수가 없어……. 시간이 얼마쯤 흐를 때까지는 온 세상이 다 무너져 내린 것만 같고, 다른 어떤 것도 중요하지 않은 듯할 거야. 네가 말한 대로 '그 상태에서 빠져나가려고' 애쓰는 건 부질없는 짓이야. 그것은 아주 깊은 슬픔이지만, 갑작스럽게 다가와 고통을 주었던 것처럼 아주 빨리 사라진단다. 그래서 서로 사랑해야 하고, 서로에게 잊어버리지 않고 그 사실을 말해야 하는 거지.

Q 제가 슬픈 건, 가끔 엄마랑 아빠도 불행하다는 거예요. 그럼 무얼 해야 되나요?

부모 중 어느 한쪽이 주저앉아 울음을 터뜨리는 걸 보는 것이 얼마나 힘든 일인지 알아. 특히 책임이 다른 한쪽에 있다고 느낄 때에는 더욱 그렇지. 부모란 너희들이 생각하기에 다른 이들에게 늘 강하고, 의지가 굳다고 여기던 분들이었어. 그들은 매사를 책임지고, 무얼 해야 할지를 늘상 알고 있었지. 그런데 갑자기 너희는 그들 역시 약하고, 무너져 내릴 수 있다는 걸 알았어. 그들은 누구보다도 중요한 두 사람이었는데, 둘 중 한 사람이 남은 사람에게 해를 끼친 것만 같아. 아이를 달래는 엄마처럼 너희는 울고 있는 쪽을 달래고 싶을 거야. 하지만 그건 제대로 되지 않고, 오히려 자신들의 의도와는 달리 자칫 더 아프게 할 수도, 어쩌면 다른 한쪽 부모를 배반하는 것인지도 모른다는 걸 깨닫게 될 테지. 너희들은 어쩌지도 못한 채 무기력해지지. 이때 아이들은 부모를 돕기 위해 아무것도 할 수 없다는 점을 기억해야 한단다. 왜냐하면 그 역할은 아이들의 몫이 아니거든. 하지만 그렇다고 해서 자기가 어떤 느낌인지 말하지도, 그런 상태에 있는 모습을 보고 싶지 않다고 설명하지 말라는 것도 아니야.

Q 어느 날, 친구네 집에 가 그애 엄마랑 함께 있었을 때였어요. 그애 아빠가 바람을 피웠던 모양이었어요. 그 아저씨는 자기를 들여보내 주길 바랐지만 아줌마는 단호히 거절했지요. 아저씨가 점점 더 크게 소리를 지르고 문을 두드리는 바람에 경찰이 와 소란을 피우지 않도록 주의를 주었어요. 친구랑 저는 너무 무서웠어요. 불행하였기 때문에 아저씨는 그러한 행동을 했을까요?

그럴는지도 모르지……. 아니 어쩌면 그는 몹시 화가 났고, 모욕을 당했다고 느꼈는지도 모르겠다. 정당한 방법이든 그렇지 않든, 그는 신체가 아니라 자기의 감정에 상처를 입었다고 생각했던 거야. 그는 그걸 말하고 싶었고, 보여 주어야 했고, 사람들이 이해해 주길 바랐어. 그런데 아내가 자기의 말을 들어 주지 않으니, 아마 그녀에게 그런 식으로 행동하는 것은 당연했는지도 몰라. 아무도 끝을 맺지 않으면, 이런 무거운 대화는 반드시 위험한 폭력을 불러일으킨단다. 한쪽이 결국 문을 부수거나, 쉬지 않고 말하는 이의 따귀를 때리게 되는 거지. 그런데 폭력은 절대 용서될 수 없단다. 아무것도 해결하지 못하니까. 특히 그건 참을 수 없는 거야. 그래서 경찰에 신고를 하고, 그들이 출동하여 진정시키게 되는 거지. 네가 한 이야기에서처럼 심각하지 않을 때조차 이러한 것은 퍽 인상적이었겠다. 하지

만 어른들은 종종 스스로 조절할 수 없는 감정 속에 빠져드는 것 같아. 그럴 때면 그들은 기괴한 짓을 하거나, 이상한 말을 하게 된단다. 평소의 그들답지 않게 말이야. 그러고 나서 시간이 조금 지나면 보통은 후회를 하게 되지.

Q 자주 그런가요?

결별중에 일어나는 폭력은, 그때까지는 전혀 그렇지 않았던 가정에서조차 아주 다양하게 나타난단다. 이혼하기 전에 폭력을 휘둘렀다면, 그건 이미 시작된 결별을 한번 더하려는 경향일 거야. 이런 상황들을 익히 알고 있는 경찰들은 지체없이 개입하여 진정시키게 되는데, 희생자들이 보통은 여자들이거든. 가장 심한 경우, 여자들은 공공 단체나 보호소에 호소하여 도움과 피신처를 구하고 아이들을 보호하게 된단다.

Q 왜 서로를 미워하게 되나요? 예전에 서로 사랑했던 때를 왜 기억하지 못하죠?

이혼하는 부부의 대다수는 서로 존중하고 이해하는 관계를 유지하지. 비록 이러한 시련이 고통스럽기는 해도 말이야. 하지만 간혹 모욕적으로 말하는 것 말고는 다른 식으로 대화를 할 수 없을 정도로 심각한 원한 상태나 몰이해에 이르는 경우도 있단다. 아이들에 대한 이해 관계가 작용하고 있을 때도 마찬가지야. 닫힌 문 앞에서 고함을 지르던 아버지의 이야기에서 넌 정신적인 상처가 신체적인 충격만큼이나 고통스러울 수 있다는 것과, 자신을 표현하지 못하거나 제대로 이해받지 못하는 일이 통제할 수 없는 행동을 불러일으킨다는 걸 알았을 게다. 오로지 싸우기 위해서만 말을 하는 이런 부부들은 모두 자신들의 감정이나 바람을 발설할 수도, 들을 수도 없단다. 그들 사이에는 오직 참지 못하고 터뜨리는 일만이 반복되지. 고함과 욕설·눈물 같은 것들을 말이야. 그들이 서로를 괴롭히는 이유는 이혼 때문이 아니라 수년 동안 서로에게 말하는 법을 잊고 살았기 때문이고, 마음에 숱한 감정들이 뒤엉킬 때 어쩔 수 없는 자신을 깨달았기 때문이야.

Q 그럼 그들이 대화를 받아들인다면 이혼을 하지 않을 거라는 뜻인가요?

자기들이 빠져들게 된 붕괴 상황을 이겨낼 수 있다는 뜻이지. 그러나 한번 말하는 법을 잃어버리면 진실한 대화에 몰두하기란 어렵고도 힘든 일이란다. 서로 대화하는 게 아주 쉬워 보여도, 보통은 자기가 한 말이 어떤 지점에서 이런 위기 상황을 악화시키는지 알지 못하거든. 극단적인 경우, 불가능한 대화를 억지로 해나가면서 지나치게 긴장하는 것보다는 일체의 접촉을 피하는 게 더 나을 수도 있단다.

Q 하지만 우리한테도 엄마 아빠를 아주 많이 사랑한다고 말할 권리는 있잖아요?

물론이지. 그건 너희들의 기본적인 권리이고, 아무도 그것을 문제삼을 순 없어. 너희는 거리낌 없이 말하고, 너희들이 원하는 방식대로 부모를 향한 애정을 표현할 수 있으며, 그들에게 그러한 감정을 알아 달라고 요구할 수도 있단다. 부모가 싸우거나 두 사람 중 한 사람이 아이들이 보는 앞에서 상대방을 비난할 때, 아이들은 아빠나 엄마와 이어져 있다는 것을 오로지 마음속으로만 고백하게 된단다.

Q 그래서요?

그럼 아이들은 '위기에 처한 신의'라고 부르는 상태에 빠지지.

Q 그게 무슨 뜻이에요?

고통스런 상태에 갇히게 된다는 뜻이야. 만약 자기가 들은 바를 인정한다면 한쪽 부모를 상대로 한 공격에 가담하게 되는 거고, 거절하면 자기들 편에 있는 부모에게 아픔을 주게 되는 걸 테지. 무얼 하든 그들은 고통을 주게 되는 거야. 거기에서 빠져나가려면 결국 자기 분열을 해야 한단다. 한쪽 부모와 함께 있을 땐, 어떤 다른 사람이 되어 다른 식으로 생각해야 하는 거지. 또 다른 한쪽 부모와 있을 땐, 또 다른 식으로 생각해야 하고. 그들은 양쪽이 기대하는 바에 맞추려고 애쓰거나, 심지어 부모가 바란다고 생각하는 것에 맞추려고 노력하지. 이처럼 그들은 아빠로부터, 또 엄마로부터 사랑을 받기 위해 위장해야 한다고 생각해. 비록 부모가 밉기는 해도 말이야.

Q 그런 식으로 행동하는 게 좋은가요, 나쁜가요?

좋지도 나쁘지도 않아. 하지만 옳은 해결책은 아니란다.

Q 왜죠?

아이들도 원하는 바를 자유로이 생각할 수 있고, 또 원하는 것을 좋아할 수 있는 인격체이니까. 아이들은 엄마와 아빠 사이에서 소식을 전하는 사람도, 또 부모의 입장에서 해결책을 찾는 사람도 아니거든. 그들이 특정한 사건 때문에 서로를 비난한다면, 서로에게 대놓고 그 사실을 말하면 그뿐이야. 그런 경우에 있어서 옳은 해결책은 "전 아빠(혹은 엄마)를 몹시 사랑해요. 하지만 듣고 싶지 않은 이야기들도 있어요. 그러니 괜찮으시다면, 제 앞에서 그런 말씀은 하지 말아 주세요"라고 말하는 거야. 그게 쉽지 않다는 건 알아. 하지만 그래야 어느 날엔가 자기 분열을 멈추고, 양쪽 부모의 집에서 자기 자신을 되찾을 수가 있지.

Q 어떤 사람들은 이혼할 때 약간 제정신이 아닐 듯한 인상을 풍기던데. 텔레비전에서 보면 어떤 사람들은 아이들을 데려가고, 또 어떤 사람들은 서로 죽일 듯이 치고받잖아요······.

친구들 사이에서건 학교에서건 네 주변에서 일어나는 사례들을 통해, 넌 대부분의 이혼 가정들이 그러한 고비들을 순탄히 넘기지 못한다는 걸 깨달았을 테지. 그렇듯 특이한 사례들은 텔레비전의 화려한 성격으로 인해 대중의 관심에 초점을 맞춘단다. 따라서 거기에는 수많은 사람들이 겪는 오늘날의 이혼 현실이 제대로 반영되지 못하고 있어. 확실히 헤어진다는 것은 누구에게나 견디기 힘든 시련이지. 자기가 사랑했던 누군가를 잃는다는 것, 거기에 따르는 상실감, 또는 떠나는 사람 쪽에서 느끼는 죄책감, 그 당장에 사람들이 퍼부을 비난과 더불어 이루었던 가족이라는 세계가 무너지는 것 같은 느낌 등등, 이런 것들은 견딜 수 없는 가혹한 시련이야. 사람들은 각자의 리듬에 맞춰, 삶이 우리가 가는 길에 뿌리는 온갖 시련들을 나름대로 헤치고 일어난단다. 그러나 어떤 사람들은 결별의 충격이 극히 취약한 부분을 건드리고, 또 오래전에 겪었던 공포나 트라우마(심한 정신적 충격)를 일깨우는 바람에 다른 사람들보다 훨씬 큰 상처를 입기도 해. 하지만 네가 말한 대로 그들은 '미친' 사람들이 아니라, 이제껏 남몰래 숨막히게 유지해 왔던 정신적인 고통이 한순간에 이러한 상황에 이르게 된 사람들이란다.

Q 어쩌면 상대방의 잘못일 수도 있는데 말이죠?

겉으로 드러나는 모습이 어떻건간에 이혼에는 절대적으로 선한 자와 악한 자란 없어. 부부의 이야기는 끝까지 항상 두 사람에게 일어나는 것이니까. 사건의 흐름 속에서 각자의 책임이 있는 거지.

Q 그럼 서로에게 고통을 주지 않고 헤어질 수 있는 방법은 없는 건가요?

헤어진다는 그 자체만으로도 충분히 고통스럽단다. 하지만 목적이 아니라 그저 거쳐야 할 과정이라는 생각을 유지하는 게 중요해. 너희들이 이 세상에 태어난 이상 결별은 중요하고도 근본적인 시기의 끝인 동시에 또 다른 시작을 의미하지. 마지막으로 새로운 만남, 새로운 사랑 이야기, 새로운 생활 공간, 계획들, 친구들, 축제가 될 수 있는 수많은 경우들이 이미 시작된 거란다. 그 당장에 일어날 수 있다고는 생각할 수 없겠지만. 일단 이런 충격이 일어나면, 부모들은 직업·거주 지역·관계·습관 같은 것들을 바꾸지. 그리고 자신들이 잊고 있었던 내면의 깊은 욕구와 꿈들을 다시 발견하지. 그래서 그들은 그림을 그리거나, 음악을 시작해. 또 어떤 이들은 여행을 하거나, 공부를 다시 시작하기도 하고. 그러면 주변 사람들은 또 한번 놀라고 혼란스러워져. 아이들은 어느 날 갑자기, 가끔은 절망 속에서 부모의 이러한 모습을 깨닫게 된단다.

Q 지금까지 결별과 헤어짐에 대하여 말했어요. 하지만 어느 순간을 진짜 이혼한 상태라고 말하는 거예요?

판사가 공식적으로 헤어짐을 인정할 때란다. 그때까지 부부는 결혼의 의무와 책임으로 이어진 상태지. 비록 한 지붕 아래에서 살고 있지는 않더라도 말이야. 법이 개입되는 순간이지. 그러면 이때부터 각자는 법이라는 강제적인 틀 안에서 자신의 감정과 반항, 바람과 분노를 표현할 줄 알아야 하는 거란다······.

법

Q 법이 이 책에 등장할 줄은 몰랐는데……. 보통은 시장 앞에서 결혼을 하잖아요. 그런데 이혼은 왜 같은 식으로 할 수 없는 거죠? 더 이상 결혼 생활을 원치 않는다는 걸 설명하면 될 텐데.

어떤 나라에서는 그렇게 한단다. 중국이나 일본 같은 곳에서는 증인 두 사람이 출석한 가운데 시청 공무원 앞에서 이혼을 선언하면 그것으로 모든 게 끝나지. 심각한 불화가 생겼을 경우에만 판사에게 간단다. 하지만 이런 나라의 문화에서는 결혼에 서양 사람들이 익히 알고 있는 것과는 사뭇 다른 의미를 둔단다. 우리가 살고 있는 이 사회에서 결혼은 상징적인 관계이면서 또한 법적인 관계라는 걸 생각해 보자. 이 결혼이 부여하는 규범들은 세금이나 유산·재산과 마찬가지로 당연히 도덕과도 관련이 있어. 참여와

성실성이 문제가 되니까. 이 관계가 끊어질 때, 사람들은 판사에게 각자의 권리와 의무가 제대로 존중되는지 확인해 달라고 한단다.

Q 그런데 판사는 무얼 하는 사람이에요?

법에 대하여 말해 주는 남자나 여자지. 그렇다고 그가 법을 제정하거나 개정하는 건 아냐. 하지만 인정되고 인정되지 않는 게 무언지를 밝혀 준단다. 또 그의 말이 사람에 따라 달라지는 건 아냐. 물론 어떤 특수한 상황에서 다른 판사가 맡을 경우라면 간혹 달라지지만.

Q 판사는 범죄자들에게 벌을 내리고, 강도를 감옥에 보내는 일만 한다고 생각했는데……. 그럼 부모를 감옥으로 보낼 수도 있단 말이에요?

아니, 우리가 말하는 판사는 가정법원의 판사란다. 그는 아무도 감옥에 가두지 않아. 이혼하는 부모를 잘 안내하기 위한 판결을 내리고, 그들의 불화를 중재하고, 법이 적절히 적용되었는지를 확인하지. 무엇보다도 그는 아이들을 보호한단다.

Q 무엇으로부터의 보호죠?

어른들로부터 아이들을 보호하는 거지. 그들은 힘든 시기에 이르러 자칫 책임감을 잃거나 너무 감정적이어서 아이들의 미래에 대해 차분히 생각할 수가 없거든.

Q 결혼하지 않은 부모도 있던데, 그들도 헤어질 땐 판사를 만나러 가야 하나요?

아니, 그들은 누구의 견해도 묻지 않고 삶을 새로이 시작할 수 있단다. 하지만 두 사람 중 한 사람이 공정하게 헤어지지 못하였다고 생각하면, 또 아이들의 이익이 존중되지 않았다고 생각하면, 언제고 가정법원의 판사에게 도움을 청할 수가 있단다.

Q 판사를 만나 어떻게 하는데요? 방청객도 있나요?

그건 텔레비전에 나오는 것처럼 범죄소송이 아니야. 공판은 사무실에서 판사 및 부모와 그들의 변호사들이 협의하는 식으로 열린단다. 경찰도 방청객도 없어. 관련자들 앞에서만 행해지는 사적인 사건이니까. 하지만 그래도 그 순간만큼은 한마디 한마디의 말이 매우 중요한, 엄숙하고도 심각한 순간이지.

Q 변호사들은 무슨 일을 하지요?

그들은 우리에게 조언을 해주고, 판사에게 데려가 문제점을 설명하여 우리의 이익을 지키고, 또 우리를 위해 변호의 말을 해주면서 돈을 받는 이들이란다.

Q 왜 변호사가 말을 해요?

사람들의 흥분을 막기 위해서겠지……. 변호사는 프로거든. 자기의 삶, 자기의 과거가 문제되는 것은 아니니까. 그는 기분이 상한 당사자들이 싸울 때에도 이 모든 상황에 대해 침착하지. 게다가 일반인들은 법을 제대로 조절하지 못한단다. 만일 자기가 자기 변호를 하면, 불공정한 일들이 일어날 거야. 상대방보다 감정에 치우쳐 말을 하는 것만 봐도 그렇지. 변호사들은 법을 잘 알고, 말을 능숙하게 하는 법을 배운단다. 그래서 양쪽 모두가 판사 앞에서 동등한 수단을 갖는 거지.

Q 그럼 우리는 방청석에 앉을 수 있나요?

아니, 법적으로는 어른들에게만 허용된단다. 아이들이 자기네랑 관련 있는 중대한 결정을 판사에게 듣지 못한다는 게 유감일지도 몰라. 아이들의 입장을 보호하기 위해 전 생애를 바친 정신분석학자 프랑수아즈 돌토는 중대한 선택이 '아이들이 등 돌린 상태에서' 그런 식으로 이루어진다는 것은 옳지 못하다고 했단다. 그녀는 적어도 한번은 판사가 아이들을 만나 그들의 의무와 권리를 일깨워 주고, 그들의 결정을 설명해 주기를 바랐지. 부모들이라고 이런 역할을 항상 보다 잘 수행하지는 않으니까. 프랑수아즈 돌토의 생각은 최근 몇십 년 동안의 법에 종종 영향을 미쳤단다. 하지만 지금 당장은 아니야.

Q 제가 걱정하는 것은, 우리를 잘 알지도 못하면서 판사가 우리의 입장에서 결정을 내린다는 거예요……

아이들이 어떻게 생활하게 될지는 원칙적으로 부모가 같이 제시하는 것이지, 판사가 제시하는 게 아니란다. 쌍방의 합의로 이혼하게 될 때, 다시 말해 '합의 이혼'일 경우 부모는 각자가 생각하는 해결책을 제시한단다. 변호사의 도움으로 그들은 본인들이 바라는 상세한 사항들이 적힌 서류를 작성하고 판사에게 조정해 달라고 제출하지. 각자가 새로운 방식의 생활이 무리없이 이루어지는지를 검증할 수

있는 기간인 몇 달이 지난 후, 판사는 이 서류에 사인하고 이혼을 확정한단다.

Q 만일 부모가 합의를 보지 못하면, 부모 대신 판사가 결정을 하나요?

그래. 아이들을 방청석에 앉지 못하게 하더라도, 가끔 판사는 그들의 생각을 수집한단다. 아이들이 자기들의 미래에 대해 합리적으로 생각할 수 있는 나이라면 말이야. 하지만 조심해야 돼. 반드시 그가 그들의 욕망을 존중해야 할 이유는 없으니까. 판사는 아이들의 기분에 맞추기 위해서가 아니라 그들의 입장을 보호하기 위해 있는 사람이야.

Q 그건 어떻게 이루어지는데요?

필요하다면, 자기가 아이들을 직접 만나거나 다른 사람을 시켜 만나게 한단다. 판사는 심리학자나 사회복지사 같은 전문가에게 보고서를 부탁할 수도 있어. 그들은 해당 가정의 모든 구성원들의 생각을 듣고 부모의 거주지를 불시에 방문하여 외부인들의 의견을 기록하지. 이렇게 신중을 기하는데도, 판사가 중대한 결정을 내리는 순간에 그에게 정보가 턱없이 부족하다는 것은 사실이야. 가장 훌륭한 보고서도 모든 것을 다 담지 못하거든. 이를테면 가정의 친밀도, 이 가정의 습관·기벽·균형 같은 것들은 너무 복잡해서 몇 번 대화를 나눈다고 다 기록할 수는 없는 것이란다. 특히 결별의 소용돌이 속에서는 말이야. 어쩔 수 없이 어른들은 전문가에게 영향을 행사하려 하고, 아이들은 알아듣기 어려운 말들을 하게 된단다. 또 자질구레한 사항들이 과장되는 일이 종종 일어나기도 해. 어떤 보고서를 읽은 적이 있는데, 거기에서는 2세 된 아들을 무릎에 앉히고 우윳병을 준다고 그 아이 엄마를 비난했어. 담당자는 엄마가 아이의 성장을 막기 때문에 아이를 그녀에게서 떼어놓는 것이 더 바람직하다는 결론을 내리더구나.

Q 그래서 어떻게 되었는데요?

이런 말도 안 되는 평가를 보고, 판사는 다른 전문가에게 두번째 보고서를 요청했어. 그리고 그는 이 집에서는 모든 일이 원만하며 아이에게 우유를 먹이려고 아이를 무릎에 앉힌다고 엄마를 비난하는 건 이상한 일이라는 결론을 내렸지.

Q 그렇다면 진실은 어떻게 알 수 있어요?

무엇이 좋은 교육인지, 왜 이쪽이 저쪽보다 나은지는 아무도 정확히 몰라. 이런 분야에서는, 그리고 대부분의 경우 진실은 없다고 생각해야 돼. 잘 알다시피, 아이가 부모 중 어느 한 사람에게 매를 맞거나 학대를 받는다면, 반드시 아이를 보호해야 해. 이럴 때 전문가들의 조사가 중요하단다. 하지만 아이에게 가장 좋은 것은 무엇보다도 서로를 존중하고 각자가 지닌 아빠와 엄마라는 중요한 역할을 인정하는 부모와 함께 살아가는 경우야. 그런데 그런 일은 정해진 게 아니고 어떤 보고서도 거기에 이를 수 있는 확실한 방법을 제시할 수 없단다. 그렇기 때문에 판사의 중재가 필요한 경우, 그는 미묘한 입장에 서게 되지.

Q 판사가 잘못 알 수도 있다는 뜻이에요?

그보다는 한 가정이 파괴된다면 그에게는 그 가정을 행복하게 만들 수 있는 방법이 없다는 뜻이야. 용의자와 피해자가 있는 정확한 사실과 관련되어 있을 경우에는 오토바이 절도나 강도짓과 같은 범죄 행위에 대한 판결을 내릴 수 있단다. 평범한 가정에서 사람들이 서로 사랑하거나 미워하는 방식에 대해 견해를 피력하는 일은 이보다 훨씬 더 복잡해. 사적인 영역에 뛰어들 때마다, 쌍방의 말을 들으면서 균형을 잡아야할 때마다, 법은 무력하고 무능력하며 종종 공정하지 못한 상태가 되지.

Q 그럼 어떻게 해야 되는데요?

판사가 중재자의 입장에 서지 말아야 한단다. 다시 말해 당사자들간에 대화할 수 있도록 갈등에서 벗어나 있어야 하는 거지. 하지만 어떤 경우에는 말이 상처가 되는 경우도 있단다. 그래서 판사와 변호사는 점차 더 자주 부모에게 가정을 생각하는 한에서 갈등을 해결할 수 있는 방법을 찾으라고 권하지.

Q 그게 뭔데요?

심각한 사고를 당한 후 걷는 법을 다시 배우는 것처럼 서로 대화하고 서로를 믿는 법을 다시 배우는 거야. 흔히 중재자라고 부르는 제삼자의 도움을 받아, 아주 간단한 것부터 시작을 한단다.

Q 그게 누군데요?

두 사람 사이의 긴장을 조절하고 완화시키는 것을 직업으로 가진 사람이지. 양쪽 부모는 각자 그 사람에게 차례로 말을 하여 자신의 입장을 설명하거나 하소연을 한단다. 중재자는 어느 쪽으로도 치우쳐선 안돼. 그는 정보를 나누고, 중요치 않은 정보와 중요한 정보를 구분하며 매번 만날 때마다 목표를 확인시키며, 양쪽이 자기가 한 약속을 지키도록 만들지. 그리하여 결국에는 아이들의 생활을 실질적으로 정비하여 양쪽 부모가 합의 끝에 이를 받아들이도록 하려는 것이지.

Q 잘 진행되나요?

늘 그렇지는 않아. 기적 같은 비법이 아니거든. 신뢰를 잃어버린 두 사람 사이에 신뢰를 회복하는 게 가장 힘든 일이란다. 중재가 시작되는 순간에는 쌍방이 모두가 지나간 과거를 되씹는 일을 그만두어야 해. 하지만 중재가 이루어질 때 모든 사람들은 거기에서 이기려고 해. 특히 아이들과 관련된 문제에서 말이야. 왜냐하면 그 가정이 지긋지긋하고 끔찍한 소송을 피할 수 있는 방법이 그것이니까. 그리고 이 소송은 아이들을 패배자로 만들 뿐이고.

Q 지긋지긋하다구요? 그럼 이혼하기까지 시간이 많이 걸릴 수도 있나요?

쌍방의 합의로 이루어지는 이혼은 몇 달이면 끝나지만, 불화로 인한 이혼은 몇 년이 될 수도 있지.

Q 몇 년씩이나! 굉장하군요······.

이런 긴 과정에서 부모는 과거를 체념한 순간에도 끊임없이 과거 이야기를 다시 말해야 하기 때문에 더욱 힘이 든단다. 보통 이런 긴 과정은 질질 끌면서 결별의 상처만 깊어지게 만들 뿐이지.

Q 그런데 왜 그렇게 오래 걸려요?

결정적으로 말하면, '합의 이혼'은 더 이상 같이 살지 않기 위해 합의를 본 사람들의 문제야. 그들은 판사 앞에서 자신들에게 규칙적으로 일어난 문제의 본질이 무엇인지 일단 제시하지. 그러면 절차는 상대적으로 빨라져. 이혼하는 부부의 약 50퍼센트 정도가 이런 방법을 택한단다. 하지만 부부 중 한쪽만이 이혼을 원하고, 상대는 원치 않을 경우 상황이 복잡해지지. 네 생각에, 이런 경우에 어떻게 할 수 있을 것 같니?

Q 그럼 이혼을 원치 않는 쪽에게 그렇게 결정할 수 없

다고 설명을 하죠…….

 더 이상 아이들과 같이 매일매일 살 수 없게 되어 생활이 혼란스러워진 한쪽 부모에게 그 일을 강요하는 일은 아주 까다로운 것 같아……. 정작 그 사람은 아무것도 요구하지 않았는데 말이야. 결혼이 부부가 한 지붕 아래서 살기 위한 의무를 수반한다는 걸 기억하렴. 그러면 허락 없이는 가정을 떠날 수도 없는 거지. 한편으로 법은 두 사람을 강제로 같이 살라고 할 수도 없지만, 다른 한편으로는 둘 중 한 사람이 떠난다면 어쩔 도리가 없다고 설명할 수도 없단다.

Q 그럼 이혼을 원하는 사람에게 배우자가 동의하지 않으니 떠날 수 없다고 말해야 겠네요…….

 더 이상 사랑도 우정도 계획도 없고, 한 몸을 이루어 살고 싶지도 않은 부부를 억지로 살라고 할 수도 없는 것 같아. 그것은 가족 전체에게 그야말로 진짜 지옥이 될 테니까. 감옥에서 사는 것 같겠지. 그런데 두 사람 가운데 한 사람이 사랑 때문이든 원한 때문이든, 어쨌든 상대방이 떠나는 것을 끈질기게 반대하고 거부하는 일도 있어. 그땐 분쟁이 일어나서 법이 해결하기가 매우 힘들지.

Q 그럼 어떻게 하나요?

프랑스에서는 보통 안 좋은 방법으로 그 문제를 피해 간단다. 이혼에 대해 양쪽의 동의가 이루어지지 않으면, 헤어지길 원하는 사람은 우리가 봤던 것처럼 잘못이 있는 상대방을 고소해야 해. 그럼 잘못을 저지른 사람에겐 선택권이 없어. 어쩔 수 없이 이혼 수속을 밟고 변호사를 고용하여 자기 변호를 해야 하지. 아무런 행동도 하지 않으면, 그는 합의도 보지 못한 채 기소되고 말거든.

Q 고발의 이유가 사실이 아닐 때도요?

그래. 과실로 인한 이혼의 원칙은 원래 중대하고도 현실적인 사실에 희생된 사람들을 보호하기 위해 이런 식으로 그 기능에서 벗어나게 된단다. 물론 공정하지는 않지. 하지만 꽉 막힌 상황에서 빠져나갈 다른 해결책이 없단다. 매번 '원만하지' 않다고 생각해 봐. 판사가 이혼을 초래한 과실이 명백하게 고의적이라는 판단을 내리면 그는 이혼을 인정하지 않을 수 없단다.

Q 그럼 무슨 명목으로 고발을 해요?

일어난 모든 일들이지. 가장 좋은 경우는, 아주 사소한 일들에 대해 비난하는 거란다. 집에 들어오지 않았다던가 거친 행동을 했다던가 근무 시간 때문에 가정 생활을 원만히 할 수 없었다던가 등등. 가장 나쁜 경우는, 상대방이 간통을 저질렀다고, 또 폭력과 비이성적으로 행동하고, 알코올 중독, 게다가 근친상간을 저질렀다고 비난할 때지. 이런 이유들 가운데 어떤 것들이 확실하게 무죄로 규명되지 않으면 기소된 부모는 그 즉시 자식들을 만나지 못하게 된단다. 최근 몇 년 동안 부모들은 부모로서의 권리를 이런 식으로 빼앗겼고 자식들과 헤어지게 되었어. 그런데 실제로 일어나는 학대들 가운데 아주 많은 수가 아무런 이유도 없이 일어난다는 거야. 불행히도, 이런 사건에서 무죄라는 사실을 증명하기 위해서는 오랜 시간이 걸린단다. 의심이 되면 판사는 아이들을 위해 보호 조치를 취해야 한다. 이 말은 그들이 기소된 부모가 아이들을 만나는 것을 제한하거나 막아야 한다는 뜻이야.

Q 정말 끔찍하네요! 그런 일은 일어나선 안 되겠어요!

잠깐, 거짓으로 억울하게 기소를 한 사람에게도 그건 아주 위험한 장난이야. 그가 중대한 일에 대해 거짓말을 했다고 판단되면, 법은 이번에는 그 사람을 상대로 가혹한 제재를 가하거든.

Q 하지만 진실은 결국 밝혀지잖아요, 안 그래요?

안됐지만 늘 그런 것은 아냐. 이런 유의 고발 사건은 밝히기가 어렵거든. 이혼의 실질적인 양상을 해결하는 대신, 법은 혼란스럽고 복잡한 이야기 속에서 참과 거짓을 구분하는 데 수개월을 보낸단다. 그동안 부부는 자기들에게 이로운 사실들을 확실한 증거로 확보하려고 애를 쓰지. 그들은 어쩔 수 없이 서로 으르렁거리고, 일기나 편지 같은 것들을 몰래 보고 훔치게 된단다. 때로는 양심을 버리면서까지 아이들에게 끔찍한 예를 들기도 하지. 주변 사람들도 예외는 아냐. 할머니, 할아버지, 친구들, 직장 동료들이 진술하라며 불려온단다. 갈등은 점점 커지고, '이편'은 다른 편과 대립한단다. 그렇기 때문에 이렇게 꽁꽁 얽혀 있는 실타래를 풀고 원래의 문제로 되돌아와 양쪽이 받아들이기까지는 수년이 걸리는 거야. 정말 말도 안 되는 이야기지만, 잘못을 저질렀기 때문에 일어난 이혼의 80퍼센트는 누가 잘못했는지 가려지지 않는단다. 법정은 양쪽 부모 모두에게 과실을 돌려 결별의 책임을 똑같이 져야 한다는 결론을 내리지. 나머지 20퍼센트에서 책임이 있는 사람이 지목되고, 그에 대한 처벌은 보통은 원칙적으로 이루어지지.

경우에 따라 손해 배상, 즉 피해자로 인정된 쪽에게 돈으로 보상해야 한단다.

Q 제 생각에는 무엇보다 잘못을 저질러서 이혼하는 경우는 없애고 모두 합의 이혼하도록 했으면 좋겠어요!

하지만 그런 경우 집에서 실제로 일어난 폭력, 모욕이나 괴롭힘을 당한 사람에게는 뭐라고 대답해야겠니? 그들에게는 그들이 받아들일 수 있는 방법과 형식이 있어야 해. 그리고 두 사람 중 한 사람이 끝까지 이혼을 거부하는 상황을 해결하기 위해 다른 방법을 만들어야 해. 간단한 문제는 아니지……. 프랑스에서 정책을 맡고 있는 사람들은 최근 몇 년 동안 이 조항에 대해 뜨거운 논쟁이 벌였단다. 하지만 그건 너무 민감한 사안이라서 신중해야 하고, 많은 고민과 시간이 필요해.

Q 부모 사이에 갈등이 있을 때 판결이 날 때까지 우리를 돌볼 사람은 어떻게 결정하죠?

갈등이 있건 없건, 부모는 이혼의 책임을 면할 수 없단다. 소송중이나 이혼 후에도 그들이 지닌 부모로서의 권위는 거의 항상 양쪽이 똑같아. 이건 그들이 아이들의 생활에서 중요한 것들에 대해 합의를 해야 한다는 뜻이야. 이사, 학교 생활, 의학적 조치 같은 것들은 두 사람의 동의가 필요하단다.

Q 함께 살 사람은 누가 결정하나요?

보통 이런 문제 때문에 싸움이 일어나지. 부모가 자기들끼리 해결을 보지 못할 때, 어쩔 수 없이 판사가 해결책을 내야 한단다. 하지만 그게 최고의 방책은 아니야. 그런 것은 애초부터 없으니까. 그래도 판사는 해로움이 가장 적어 보이는 해결책을 내놓는단다……. 판결문에는 아이들의 거주지와, 그곳에 살지 않는 부모는 어떤 식으로 방문하고 숙박은 어떻게 해결해야 하는지에 대해 늘 명확하게 밝혀져 있단다.

Q 알아듣기 쉽게 말씀해 주실래요?

거주지는 아이들의 공식적인 주소를 말하는데, 그것은 아이들의 서류에 인쇄되거나 학기초 자료 차트에 나와 있지. 이 거주지는 아빠나 엄마네 집 가운데 어느 한쪽으로 고정될 수도 있지만 번갈아가며 바뀔 수도 있단다.

Q 그게 무슨 말이에요?

 후자의 경우 아이의 주소지가 둘이라는 뜻이지. 아이는 아빠네 집에서도, 엄마네 집에서도 살면서, 몇 주·몇 달이나 몇 년마다 미리 정해진 리듬에 따라 사는 곳을 바꾸는 거지.

Q 그럼 부모들 사이의 모든 환경과 조건이 아주 똑같겠네요······.

 그게 교대로 거주지를 바꾸는 일의 원칙이거든. 점점 늘어나는 이혼 부모들은 이 방법을 좋아한단다. 사실 둘 중 어느쪽도 상대방보다 더 뛰어나다고 할 수는 없거든. 하지만 부모에게 잘보이기 위해서가 아니라 아이들이 편안하게 느낄 수 있는 거주 형태를 선택해야 해. 원활한 진행을 위해 번갈아가면서 거주지를 옮기는 일은 물질적으로 완벽한 경우일 때에 가능하지. 실제로 이렇게 거주지를 교대로 옮기는 일은 특히 서로를 잘 이해하고, 가까이 살고 있는 부모들한테 특히 해당된단다. 아이들이 통학하기에 불편함이 없어야 하니까. 안락한 두 개의 거주지의 생활을 꾸려가기 위해서는 아주 부자여야 하고.

Q 그게 그렇게 흔한 일이라는 느낌은 안 들어요. 부모가 이혼한 제 친구들은 대개 엄마랑 살아요.

거주지를 교대로 바꾸는 일은 최근 몇 년 동안 많아졌어. 하지만 아이들의 85퍼센트는 아직도 주로 엄마랑 살고 있단다.

Q 왜요?

원래 아이들이 자기랑 살았으면 하고 바라는 아빠들은 거의 없으니까.

Q 그건 왜죠?

아이들의 일상적인 교육을 아빠 혼자 감당할 수 있다는 생각은 너무나 획기적이어서 대부분의 아빠들은 아직도 받아들일 수 없거든. 우리보다 먼저 살았던 세대에서 그런 일은 절대 일어나지 않았단다. 그러니까 그런 예를 보지 못했던 것이지. 이런 모험에 과감히 뛰어드는 아빠들은 주변 사람들의 도움을 받아 살 수 있는 방법을 생각해 내고 그걸 따라야 한단다. 직장에 다니면서 이런 상황을 늘 인정하고 받아들일 수는 없으니까. 또 아빠들은 자기가 엄마만큼 좋은 아빠가 될 수 있다는 점을 판사에게 설득해야 한단다. 그것은 이혼의 시련 한가운데에 선 아빠들에게 새로운 위험이 되지. 반대로, 아이들이랑 살지 못하게 된 엄마는 나쁜 엄마라는 비난을 받을 수도 있어.

Q 하지만 그건 저와는 아무 상관이 없잖아요. 엄마나 아빠를 자주 못 볼 뿐 똑같이 사랑하는데…….

네 말에 나도 동의해. 반복해서 말하지만 부모의 자질은 누구랑 사는가, 며칠을 같이 보내는가와는 하등의 상관이 없단다. 이러한 사실을 인정하는 사람들이 점점 많아지고 있지. 아이들의 교육에 개입하기로 결정한 아빠들도 매년 자꾸 증가하는 추세고. 희소식이 아닐 수 없지. 이러한 요구가 원한이나 경쟁이 아닌 양쪽 부모의 균형잡힌 배려 속에서 이루어지니까.

Q 판사가 한 아이는 아빠네 집에서 살게 하고, 형이나 여동생은 엄마네 집에서 살라고 못박을 수도 있나요?

이탈리아와 스위스에서처럼, 프랑스 법에서는 원칙적으로 형제자매들이 함께 살 수 있도록 하라고 되어 있단다.

프랑스에서는 1966년에 이 법이 국회의 제안으로 채택되었지.

Q 같이 살지 않는 부모를 만날 수 있는 기간은 어떻게 정해져요?

아이들의 나이에 따라, 부모가 지리적으로 얼마나 떨어진 곳에 살고 있는지, 부모의 여건이 어떤지에 따라 정해진단다. 현행법에서는 홀수 주로 규정해. 그 달의 첫째·셋째·다섯째 주는 같이 살고 있지 않는 부모랑 보낼 수 있는 거지. 가끔은 일주일로 줄어들기도 하는데, 기차나 비행기로 오랫동안 이동할 때 특히 그렇단다. 방학 기간은 보통 반씩 양쪽 부모에게 가서 보낸다. 하지만 이런 일에 명확한 규정이란 건 없어. 요즘에는 부모와 판사가 아이들을 위해 자기들에게 적합해 보이는 방식을 채택할 수 있거든.

Q 만나고 싶을 때는 거주지나 방문 횟수를 바꿀 수 있나요?

부모가 서로에게 신뢰를 갖고 있을 때라면 제한적으로 협상할 수 있단다. 하지만 원칙적으로는 가정법원 판사의 동의를 구해야 해. 판사가 정한 장소나 날을 반드시 지켜야 하는 거지. 두 사람 중 한쪽이 따르지 않으면 그는 중죄를 저지르는 셈이야. 비록 이혼한 지 수년이 지난 후라도, 이런 문제에 대해서는 그때그때 판사에게 요청할 수 있어. 이런 문제는 보통 사춘기, 즉 자아를 추구할 나이, 어린 시절 자주 만나지 못했던 부모한테 어떤 대답을 들으려고 애쓰는 나이에 일어난단다.

Q 만약에 집을 바꾸고 싶지 않으면요?

너희들은 살 집을 선택할 수도, 너희의 견해를 피력할 수도 있어. 판결을 기다리면서, 법은 너희에게 마치 어른에게 하듯 명령을 내린다. 하지만 실제로 청소년들에게는 어느 정도 융통적이야. 그들 스스로가 정할 수 있게 말이야. 하지만 나는 이런 자유를, 예컨대 갈등이 일어났을 때 부모를 상대로 협박의 도구로 사용해선 안 된다고 말해 주고 싶구나. 잘 알다시피 문제가 심각하고 반복적으로 일어날 때, 모든 아이들은 판사에게 도움을 청할 수 있어. 그럼 아이의 청원은 독자적으로 검토된단다. 부모의 이혼과는 별개로 말이야. 이 분야의 전문가인 국선 변호사가 이 사건을 맡아 아이의 이야기를 듣고 조언을 해주며 필요하면 그를 보호해 주기도 하지.

Q 제 생각에 부모랑 문제가 일어날 때마다 그럴 수는 없을 것 같은데요……

 물론 그렇지. 하지만 아이가 스스로 불행하다고 느껴지거나 불쾌한 규범을 따라야 하고 부모가 끝까지 자기 말을 듣지 않고 자신의 문제를 해결해 주지도 않는다면, 망설이지 말고 다른 어른들에게로 가야 한단다.

Q 매일 집에서 일어나는 문제들이 그렇게 복잡하다고 생각지는 않아요.

 그게 아니라 그것만이 해결해야 할 유일한 문제가 아닌 거지! 아이를 키우려면 시간과 집만이 아니라 돈도 필요하단다. 부모가 같이 살 땐 각자 가정 생활에 드는 비용을 쓰지. 아이들과 관련된 것도 그 속에 포함돼. 하지만 이혼했을 땐 어떻게 해야 하지?

Q 그야 간단하죠! 아빠 집에 있을 때는 우리에게 필요한 돈을 아빠가 내는 거죠. 엄마 집에 있을 때는 엄마가 내구요, 안 그래요?

 안타깝게도 연극 티켓을 사거나 축구 클럽에 가입할 때,

또는 옷을 구입하고 계절학기에 등록할 때, 치아 교정기나 구내 식당을 이용할 때 그것은 생각처럼 쉽지 않단다. 시간이 흐르면서 고정적으로 드는 비용에 해당되니까. 엄마 집에 있을 때나 아빠 집에 있을 때에도 드는 비용이라구. 보통 양쪽 부모 중 한 사람이 경비 전체를 대고, 다른 한쪽은 매달 그 비용을 보조하기 위해 일정 액수를 대기로 결정하는 이유는 바로 그 때문이야.

Q 그게 얼마나 되는데요?

각자의 수입에 달려 있지.

Q 그게 양육비인가요?

이 돈이 그저 아이를 양육하는 데에만 쓰이지 않기 때문에 더 이상은 그렇게 부르지 않고, 요즘은 '아이들의 교육과 생계에 도움이 되는 비용'이라 하지.

Q 그게 종종 문제가 된다고 하던데……

맞아. 이 돈에 대해 말들이 많지! 돈은 아이들의 몫인데 그것을 받는 사람은 한쪽 부모거든. 하지만 그것이 어떤 식으로 쓰이는지 어떻게 정확하게 통제할 수 있겠니? 돈을 주는 사람은 가끔 상대방이 자기 이익을 챙긴다는 느낌을 갖는단다……. 가장 힘든 일은 이 액수가 지우개나 신발, 구내 식당에서 드는 비용과 딱 맞아 떨어지지는 않지만 보통은 매일매일 아이들이 편안하게 생활하는 데 일조한다고 생각하는 거겠지. 불행하게도 많은 어른들은 자기들끼리의 문제를 거기에 개입시키면서 비용을 대기 꺼려한단다. 모든 아이들에게 최상의 상태에서 부모들이 매일매일 그들에게 제공하는 것을 누릴 권리가 있다는 사실을 부모들은 잊고 있는 거야.

Q 하지만 보조금을 내야 하는 사람에게 돈이 없으면요?

부모의 첫번째 임무는 아이들을 제대로 키울 수 있는 방법을 강구하는 거란다. 두 사람 중 한 명이 예컨대 실직하거나 병에 걸려 힘든 시기를 보내고 있다면, 그래서 그가 자신의 곤란한 처지를 입증한다면 예상되는 액수는 바람대로 줄어들게 되지. 그러면 자기가 할 수 있는 방법들을 제시하면서, 그는 포기하지 않고 아이들을 키우겠다는 점을 입증해야 해. 이와 반대로 판사의 허락도 없이 아무런 보조금을 지불하지 않으면, 그는 범죄를 저지르는 것이 되어 심각한 결과를 초래하게 되지. 이를 일컬어 '가정 유기'라고 한단다.

Q 지금 생각해 보니, 이런 피곤한 일들을 피하려면 판사 앞에서 이혼하지 않고 헤어지는 게 더 나을 것 같아요······.

하지만 법 때문에 이런 문제가 생기는 것은 아니잖니! 부부 사이에 대화와 존경이 없기 때문이지. 이혼할 때는 가족 구성원 각자의 입장을 생각하면서 새 삶을 시작해야 한단다. 둘 중 한 사람이 자신이 받아들인 결별 때문에 자주 상처를 받게 된다면, 이 두 사람은 합의를 봐야 하는 거야. 판사와 변호사가 가끔 강압적인 법조항을 내리지 않으면 사태는 더 나빠지게 될걸······.

Q 하지만 반드시 지켜야 할 게 너무 많아요! 일단 이혼 판결이 나면, 더 이상 아무것도 바꿀 수가 없는데요······.

뭔가 일이 제대로 돌아가지 않는다고 생각되면, 대부분의 부모들은 서로간에 대화를 통해 현명한 해결책을 찾는 법을 터득한단다. 만일 그렇게 하지 못하면 판사에게로 가야 하고…….

Q 그럼 결코 멈출 수 없는 건가요?

아니, 삶은 계속 이어져……. 아이들은 자라고, 자기들만의 시각을 굳히고, 요구 사항이 확실해지고, 부모들은 다른 데서 각자 다시 삶을 꾸려가고, 재혼하며, 직업을 바꾸고, 돈을 많이 혹은 적게 벌게 된단다. 때로는 새엄마 새아빠, 그들의 자식들과 배다른 형제, 자매를 맞이해야 할 때도 생기지……. 우리가 매달리고 있는 법은 이 모든 변화에 적응할 수 있어야 한단다.

Q 이런 일들이 그런 식으로 되는군요! 제가 제대로 이해한 거라면 사람들은 판사·변호사·중재자·전문가들을 끌어들이고, 가끔은 몇 년에 걸쳐 소송을 해요. 결국 각자가 다른 사람이 될 때에는 아무것도 안 남는 판결에 이르고 마는데 말이죠.

그런 면이 좀 있지. 적어도 우리가 법으로부터 법이 제시하는 것과는 다른 것을 기대할 때는 그렇다고 할 수가 있어. 왜냐하면 법은 이혼의 고통을 완화시키지도 자존심이 받은 상처를 돌보지도 않고, 죄의식을 바로잡지도, 보복을 위한 어떤 도구도 제시하지 않거든. 법은 이상적인 해결책도, 도덕적 문제에 대한 대답도 제시하지 않아. 반대로, 법은 폭력 없이 갈등을 해결하기 위한 틀을 제안하고 가장 힘 없는 사람들, 특히 아이들을 강자의 논리로부터 보호하며, 위험한 행동들에 제재를 가하고, 가족의 의무를 망각한 사람들에게 그것을 일깨워 주며, 법의 테두리를 벗어난 사람들에게 법을 지키라고 강요한단다. 인간이 로봇이 아니기 때문에, 그들이 지닌 감정과 이성이 이상한 전쟁을 일으키기 때문에 우리에게는 늘 법이 필요하지. 우리들 각자는 법의 역할을 존중하고, 거기서 최선의 방법을 끌어내야 하는 거야.

새 가정들

Q 그 다음에는요? 일단 결별을 견디고, 이혼이 정해지면 전보다 행복해지나요?

한 가지는 분명하지. 스스로에 대한 믿음을 다시 회복하느냐 아니냐에 따라 자신에게 열린 삶의 무한한 가능성을 발견한다는 것 말이다. 모든 걸 할 수 있고, 모든 걸 다시 세울 수 있지. 자기 자신부터 시작하면서 말이야.

Q 어떻게요?

잘하든 못하든 자기 삶을 구축한다는 것은 다른 어느 누구와도 상관이 없단다. 우리에게 일어난 일에 대한 책임은 우리에게만 있거든. 그러니까 자기가 원하는 바가 무엇인지 아는 게 중요해. 새 짝을 만나고 싶은가? 다시 가정을 이루고 싶은가? 다른 데서 살고 싶은가? 그때까지 우리가 해온 선택을 깊이 생각해야 하고, 일을 그렇게 만들어 버렸던 단점과 의심스러운 것들을 더 잘 이기기 위해 지난날의 자기 잘못에 대해 냉철하게 자문해야 한단다. 혼자서 문제를 제기할 줄 알아야 해. 만일 그렇게만 된다면, 자기 안에 잠자고 있던 힘들을 해방시킬 수 있다고 이 아빠는 믿는단다. 우리는 성장하고, 전보다 더 강해진다는 것을 느끼며, 활짝 피기 시작하지……

Q 이혼을 결정하지 않았을 때도요?

아마 시간이 좀더 걸릴 거야. 결별을 이겨냈다 하더라도 배신감과 심한 모욕을 경험했겠지. 자신에 대한 불쾌한 말들을 들었을 테고, 그래서 믿음도 흔들렸겠지. 다시 누군가를 사랑하고 사랑받을 수 있을까 하는 의구심도 든단다. 혼자 남았다는 사실은 가끔 견디기 힘든, 감당하기 어려운 심각한 고통을 일깨워 준단다. 그래서 이혼 소송이 이런 나약한 사람들을 공격하는 경우가 종종 있단다. 거의 항상 시간이 흐른 뒤에는 강한 의지를 갖고, 심리요법의 도움을 받아──왜 아니겠니?──거기서 빠져나오게 되지.

Q 어떤 경우에는 전보다 더 불행해지기도 해요.

몇 달 동안, 자기 자신이 아주 심한 '충격을 받았다고' 느끼는 일은 어쩔 수가 없어. 하지만 이상하게도, 온 힘을 다해 결별하지 않으려고 했던 사람도, 일단 이혼이 결정되면 편안함 같은 감정을 느끼기도 한단다. 부모의 갈등을 가까이서 보면서 혼란스러웠던 아이들도 간혹 이런 감정을 느껴. 그들은 새로운 상황에 굴복할 수도 있고, 경우에 따라서는 이 상황이 피할 수 없었다고 고백할지도 몰라. 사람들은 슬픔과 진정 사이에서 흔들려. 마치 큰 소리로 울고 난 다음처럼 말이야. 그리고 나서야 자기가 한 일에 무슨 의미가 있는지를 되찾지. 아이들은 어른들보다는 좀더 빨리 그런 상태에서 벗어난단다. 그들은 사는 즐거움을 되찾게 되어 될대로 되라는 식으로 있으면서 자꾸만 과거로 향하거나 갑작스럽고도 격한, 변덕스런 기질을 내보이는 한쪽 부모가 있는 데서는 조급증을 감추질 못해. 그럴 이유도 없고. 어른이 바로 이런 에너지를 접할 때 그는 사랑을 주고 받는 법을 다시 배우고, 새롭게 삶을 시작하겠다는 원동력을 채우며 퍼올리게 되는 것이지.

Q 다시 삶을 시작한다는 건 누군가와 같이한다는 뜻이에요?

아니, 꼭 그렇진 않아. 그것은 마음에 드는 것들과 그렇지 않은 것들을 선별한다는 뜻이란다. 더 이상 부부 상태를 원치 않는 그 순간, 사람들은 혼자 남기를 택하면서 자기 삶을 새롭게 시작할 수 있어.

Q 그게 선택이라고요?

헤어지고 난 후에 독신자에게는 숨통이 트이지. 자기 내면을 정리하고, 우리를 혼란스럽게 하는 기억들을 망각 속으로 던져 버리며 새로운 계획을 세우기 위한 여지를 만드는 경우지. 특히, 그렇게 하면 아이들에게 새로이 마음을 쓸 수 있게 되지. 그리고 아마도 그것은 이혼의 고통 이후 각자에게 제일 필요한 걸 거야. 자기 이야기를 털어놓고, 놀고, 감정을 나누고 행복한 순간을 나누며, 긴장과 갈등 때문에 불편해진 충족감을 다시 채우기 위해서는 시간이 걸린단다.

Q 한쪽 부모랑 살면 정말로 이전보다 더 많은 일들을 하게 되는군요!

특히 많은 아빠들은 그런 경우에 자신들과 아이를 이어 주는 관계가 얼마나 중요한가를 알게 돼. 그들은 자기 일에 몰두하던 시간을 줄이고 그때까지 하지 못했던 것들을 하기 시작한다. 공을 차거나 스케이트장에 간다던가, 숙제를 도와 주고 단 둘이서 외출을 하거나 여행을 하지. 그야말로 진정 깨달음을 얻게 된 사람들이야. 이혼 덕분에, 그들은 자기들이 어느 정도로 아이들에게 몰두하고 싶은지 깨닫게 된 것이란다. 그들이 눈을 뜨기 위해서는 이런 충격이 필요했던 거야……

Q 엄마랑 있을 때도 새로운 일들을 많이 해요. 하지만 더 많이 싸운다는 느낌이 들어요.

그리 놀라운 일은 아니란다. 이런 경우의 85퍼센트는 일상적으로 거주하는 곳이 그들의 거처로 확정된 것이라고 말하지. 그래서 엄마들 대부분이 집안 살림 전부를 혼자 책임지고 있단다. 엄마들이 중간에 슈퍼마켓까지 들르면서 직장에서 학교 앞까지 하루 종일 바삐 돌아다녔을 때, 엄마들이 목욕을 시키고 숙제를 봐주고 세탁기를 돌리고 저녁을 준비할 때, 그들은 처음 며칠 동안은 이 첫번째 난관 앞에서 삐거덕거린다는 걸 알게 되지. 그러고 나서 혼자서도 일상을 꾸려갈 수 있게 되면 부모와 아이들 사이의 지속적이고도 유일한 친밀함은 곧 퍼지게 된단다. 때로는 싸우기도 하지. 더 이상 서로에게 밀착되어 살아갈 수가 없으니까. 여유가 없는 거야……. 이런 문제는 독신인 아버지와

살때에도 똑같이 생긴단다. 늘 아버지와 함께 있다 해도 말이야. 하지만 이런 형태는 좀 드물지.

Q 한쪽 부모와 아이들이 사는 가정을 홀부모 가정이라고 부르나요?

그래, 어른 한 사람이 한 아이나 여러 아이를 키우는 가정을 가리키는 말이란다. 하지만 난 이 말을 쓰고 싶지 않아.

Q 왜요?

무슨 병명처럼 들리거든! 더 진지하게 말하자면, 이 말이 사실을 왜곡한다는 생각이 들거든. 우리가 아이들의 입장에서 생각해 본다면, 부모 중 한 사람이 돌아가셨을 때에만 '홀부모 가정'이란다. 그렇지 않은 모든 경우 가정에 한쪽 부모가 없더라도, 한쪽 부모가 아이들의 생활에 개입하지 않더라도 그 가정에는 늘 부모가 다 있는 거란다. 홀부모 가정이라고 말하는 건 두 사람 중 한 사람이 더 이상 이 가정의 구성원이 아니라는 점, 상당 부분 부정적인 의미를 내포하는 거야. 물론 거짓말이지. 이런 상황을 설명하기 위해 '독신 부모'라는 용어를 쓰는 것이 나한테는 훨씬 쉽고 분명한 것 같구나.

새 가정들

Q 하지만 억지로 평생을 독신으로 살지는 않잖아요.

사람들은 사랑에 빠질 수 있고 그래서 결국 어떤 균형이 깨지기는 해. 아이들에게 이것은 낯설고도 혼란스러우며 보통은 전혀 새로운 상황이란다. 결별 기간 동안 그랬던 것처럼 아이들은 한쪽 부모의 집에서 어색한 분위기를 느끼게 돼. 그동안 같이 살아온 한쪽 부모는 좀더 바빠지고 약간 이기주의자가 되어 아이들이 하는 말에 귀를 기울이지 않지. 그는 꿈을 꾸듯 다른 장소에 있으며 어느 저녁에는 도저히 이해할 수 없는 흥분 상태로 돌아오고, 그 다음날에는 애인과의 사소한 오해 때문에 단단히 실망한 채로 보내지. 만일 다른 한쪽 부모가 아직 혼자로 살면서 이 사실에 괴로워하는 것 같으면, 상대방의 행복감은 그를 자극하게 되는 것 같아. 사랑에 빠진 부모는 아이들이 공범자가 되고 싶지 않은 두번째 배반을 일으키는 거지.

Q 저라면, 사랑에 빠진 부모가 솔직히 짜증스럽다고 말하겠어요. 전화기에 매달려 몇 시간이고 보내고, 친구들과 속닥거리고, 매일 아침 옷 입는 데만 한 시간이 걸리니까요…….

10대가 사랑에 빠지면 견디기가 더 쉽다고 생각하니?

Q 아니요, 하지만 10대에게는 적어도 당연한 일이잖아요.

다행히도 사랑에는 나이가 없단다. 하지만 너를 가장 힘들게 하는 것은 부모들이 성생활을 한다는 명백한 사실이 아닐까? 모르는 어떤 남자나 여자가 엄마나 아빠의 침대에 있다면 좀 난감할 테지.

Q 사실, 전 그런 쪽으로 무슨 일이 일어나는지는 알고 싶지 않다고 생각해요······.

하지만 그것은 지극히 건강한 반응이란다. 부모 중 한 사람이 사랑에 빠졌을 때, 그의 삶에서 성욕이 중요한 자리를 차지하고, 그것이 그에게 활기를 가져다준다는 걸 어쩔 수 없이 알게 되지. 이러한 것을 깨닫게 되면 많은 10대들은 부모가 그러지 않기를 바라기보다는 어쩔 수 없이 유년의 세계에서 벗어나게 된단다. 어른들의 세계에 자신을 투사하기 위해서 말이야. 이러한 깨달음을 통해 부모와 아이는 경쟁의 입장에 서게 되지. 아이들이 부모의 성욕, 그들의 리듬과 방식에 익숙해지려고 애쓰는 결정적인 순간에 말이야.

Q 새로운 사람과 관계를 맺을 때, 전과 같은 문제를 또다시 겪지는 않을까 두렵지는 않은지 특히 궁금해요.

 애정 관계라고 늘 같이 사는 걸 전제로 삼지는 않는단다. 집 밖에서 만들어질 수 있고, 비밀스럽게 유지될 수 있으며 가정을 이루어야겠다고 생각하지만 이 애정 관계를 예전에 일어났던 일과 비교하지 못한 채 며칠이나 몇 달 안에 끝날 수도 있단다.

Q 하지만 누군가와 같이 살고 싶을 때, 몇 년 후에 다시 이혼할까 봐 두렵지 않을까요?

 두렵다고 위험을 피할 수는 없어…… 맹목적인 것도 마찬가지고. 놀랍게도 어떤 사람들은 살면서 비슷한 상황이나 잘못을 반복적으로 만들어 내는 기술을 갖고 있기는 하지. 그런 반복된 실패 속에서 자기의 책임은 결코 깨닫지 못하면서 말이야. 자기 자신을 돌아보거나 문제를 제기하기를 꺼리고, 이혼의 모든 잘못을 상대방의 탓으로 돌리며 자기 자신에 대해 스스로 문제를 제기하지 않는 이상, 그 사람은 몇 년이 지났더라도 다른 누군가로부터 똑같은 비난을 듣게 된단다. 반대로, 이혼으로부터 교훈을 얻어 자신의 반응을 이해하고 조절하며 잘못을 고치게 된다면, 그 사람은 새로 만난 짝과 함께 전혀 새로우면서도 열정적인 모험을 해나갈 수 있게 된단다.

Q 혼란스러운 것은, 어떤 사람이 이제부터 그 가정의 일원이 된다는 것을 어느 날 갑자기 결정할 때예요. 제 경우엔 미리 알지 못했잖아요.

아니야, 그건 매일 조금씩 이루어지고, 짜여지고, 다시 재구성된단다. 그렇기 때문에 사람들이 새엄마나 새아빠, 그리고 때로는 그들이 데려온 아이들이나, 가정을 이룬 후 생긴 아이들이 사는 집을 가리켜 '재구성된' 가정이라고 부르지.

Q 엄마나 아빠가 사랑에 빠진다는 건 이해해요. 하지만 그렇다고 우리가 그 사람을 늘 사랑해야 하나요?

가정에 새아빠나 새엄마가 개입하는 것에 대해 말하고 싶은 거니? 반드시 새아빠를 좋아해야 하는 것은 아니란다. '새아빠'나 '새엄마'라고는 불러야겠지. 가깝게 지내게 된 이에게 아무것도 해준 게 없는데 그런 이름을 붙여야 한다는 게 좀 이상하지만 말이야. 반대로, 그 사람 역시 자기가 모르고 공통 화제도 없는 아이들을 처음부터 억지

로 사랑할 순 없단다. 하지만 어느 누구도 부모를 고르지 않고, 어른들 역시 아이들을 선택하지 않아. 아직 이혼 수속중인 상태에서 새 짝을 만날 때 사람들은 이렇게 말하지. 어른들이 해야 할 몇 가지 결정을 아이들은 이해할 수 없다고. 하지만 신실한 관계는 5분 안에 만들어질 수 없다는 점을 잊지 말자꾸나……

Q 하지만 새부모들이 우리한테 명령 같은 걸 할 수 있어요?

프랑스에서 법적으로 그들에게는 같이 살고 있는 아이들에 대해 어떠한 권리도, 의무도 없단다. 민법에는 나와 있지 않아! 하지만 도덕적으로 볼 때, 그들은 네가 말한 대로 전처나 전남편의 아이들에게 '명령'할 권리도, 심지어 의무까지도 갖고 있어. 왜냐하면 그들은 그 아이들 곁에서 교사라는 이름의 어른의 권리를 대행하니까. 새부모들 중 많은 사람들에게 이렇게 참여할 수 있는 영역은 훨씬 더 많아진단다. 내가 아는 어떤 사람들은 (전처나 전남편의) 아이들에 대해 많은 책임을 받아들이고, 그들의 교육비를 대며, 학교 생활과 여타의 다른 활동에 투자를 해. 아무런 보상도 원치 않고, 부모로 인정받기를 바라지도 않으면서 말이야……

Q 부모가 아닌데도요······.

 그런 건 개의치 않아······. 필요하다면 그들에게 요청할 수도 있겠지. 하지만 내가 생각하기에 새엄마나 새아빠의 권위는 서로 친숙해지는 법을 터득하는 순간, 서로를 이해하고, 더 나아가 서로 사랑하는 법을 터득하는 순간, 더 이상 문제되지 않는다고 믿어. 왜냐하면 시간과 노력을 기울이면 아이들과 새부모들과의 관계 역시 중요하고 강하게, 더 나아가 서로에게 절실하게 나타날 수 있으니까.

Q 아마 그럴 거예요. 하지만 동화에서 새엄마들은 왜 늘상 못되게 나오는 거죠?

 정확하게 말해 서민들의 전통에서 새부모는 그리 탐탁한 게 아니었단다. 새아빠들은 권위적이고 난폭한 사람으로, 새엄마들은 질투심 많고 잔인한 모습으로 그려지지. 《백설공주》에서 새왕비는 백설공주를 독살시키려고까지 하고 그녀의 심장을 먹는 꿈을 꾸지. 하지만 이 무서운 인물들 속에서 단순히 새부모가 아니라 다른 것을 보아야 하는지도 몰라. 동화에서 그들은 오히려 부모 각자의 음험한 면, 성장을 막고 억누르는 면, 아이 자신이 성인이 되기 위해, 또 공주를 얻거나 매력적인 왕자를 만나기 위해 이기고 견뎌내야 하는 면을 상징한단다.

Q 어쨌든 그런 이야기에는 요즘 이야기의 결말인 부모들이 이혼한 다음에 좋은 부모와 다시 결혼하고, 자식을 많이 낳는다는 내용은 없어요. 하지만 각자에게 이미 아이들이 있기 때문에 이런 가족은 아무도 이해하지 못하는 이상한 가족이 되는 것 같아요.

맞아, 나도 어떤 이야기들은 고쳐져야 한다고 생각해……. 하지만 바꿀 수 있는 이런 가족들을 떠올릴 때, 우리는 오랫동안 발전하게 될 새로운 이야기의 첫장으로 들어선단다. 이 새로운 모험이 완전한 휴식이 아니라는 점만은 확실히 해두자꾸나. 비록 이 모험이 서로에 대한 사랑 속에서 열정이 충만한 부부를 중심으로 진정된 분위기에서 펼쳐진다 하더라도, 이 모험에 가족 구성원들의 균형을 다시 깰 수 있는 시련이 전혀 없으리란 보장은 못해.

Q 맞아요. 우리가 이곳에서 같이 살기 시작했을 때, 제가 이유없이 계속 울었던 일이 생각나요…….

괜찮아, 그 당장에는 울 만한 이유들이 많았어. 딱히 슬픈 것도 아니면서 지치고, 묘한 기분이 들고, 두려웠을 테니까. 그건 재혼 가정이 만들어지면서 불기 시작하는 태풍에 반응하는 또 다른 방식이었던 거야. 상상해 보렴. 처음으로 형제자매들간의 위치가 완전히 달라졌다는 걸. 더 커진 가정 속으로 들어섰을 때 맏이나 막내는 그때까지 일상적으로 누렸던 특권을 갑자기 잃게 된단다. 집에서 우리가 존중하라고 배운 원칙들이 새로 생긴 방식에서는 문제가 되지. 소란이 일고, 시끄러워지고, 서로를 존중하기까지 싸우게 된단다. 나름의 습관과 예절이 있었던 예전의 가정은 부모가 헤어졌을 때보다 더 철저하게 온데간데 없이 사라지고 말지. 우리는 전혀 다른, 새로운 인물들로 가득 찬 우주로 들어서게 되는 거란다. 왜냐하면 각자 자기 쪽 집단·가족·친구들을 데려오니까. 새할머니·할아버지가 등장하고, 삼촌과 이모들, 사촌들이 생긴단다……. 가장 당황스러운 것은, 어느 날 아침 그 와중에 아기가 태어나는 일이지. 온 세상이 오직 자신에게만 관심을 기울이는 게 당연하다는 듯 악을 쓰면서 말이야. 아무 준비도 되지 않았는데, 이 작은 집단을 맞이하기 위해 새로 이사를 계획하면서 시간을 끌기도 하지. 우리를 이런 모험 한가운데로 끌고 들어온 아빠나 엄마를 전적으로 믿으려고 애써 보지만, 며칠 후면 자기만 뒤처졌다는 느낌이 드는 건 당연한 것 같아.

Q 그렇다고 지금 우리가 그런 상태는 아니에요. 지금 우린 서로 잘 통하고 모든 걸 같이하니까요. 하지만 우리를 지칭하는 이름이 없어요. 형제라고도, 배다른 형제라고도 부를 수 없어요……. 그렇다면 우린 아무것도 아닌 거예요?

분명 그건 아니란다. 같이 살고 있는 아이들은 부모가 같지 않더라도 '부모가 서로 다른 형제자매들(quarts de frère ou soeur)'이라고 부르는 일이 점점 늘어나고 있단다. 하지만 이 표현을 모든 사람들이 다 아는 것은 아니야. 또 이 프랑스어 표현에 나오는 'quart-4분의 1'이라는 말은 이 관계가 대단하지 않다는 뜻이기도 하지. 여기에서 말이 어떻게 우리를 꼼짝 못하게 하는지, 우리가 느끼는 바와 항상 맞아 떨어지지 않는 세상을 보는 방식을 어떻게 우리에게 강요하는지를 가늠하게 된단다. '한 부모 가정의'라는 말에서 이미 살핀 적이 있지. 새부모가 그 이름처럼 늘 좋은 사람들은 아니라는 점을 명시해야 할까?

Q 사실, 프랑스어에는 정상적인 가정을 일컫는 말만 있다고 말할 수 있어요. 아빠, 엄마, 자녀 둘……처럼 말이에요.

또 슬쩍 미끄러지는구나! 재혼한 가정이 비정상적이라고 생각하니?

Q 하지만 '전통적'으로 가정을 말할 땐…….

도대체 어떤 전통을 말하는 거니? 전통이란 수 세기 동안 많은 변화를 거친단다. 함께 살고 있는 가정에서 전통의 형태를 본다면, 그건 깨진 가정이 다른 가정보다 더 '신식'이고 더 '성공적'이라는 뜻이니? 개인적으로 말해서 난 그렇게 생각하지 않는단다. 이런 주제를 말할 때 우리가 쓰는 대부분의 말들이 부적합하다는 점을 알아야 해. 우리가 생각하는 것과는 정반대로 말하지 않도록 신중했으면 좋겠구나.

Q 사람들이 물어보면 어쩔 수 없이 우리가 어떻게 살고 있는지 말해야 하지 않아요?

자기네 집에 특수성이 있다고 해서 감출 어떤 이유도, 그런 집에서 살고 있다고 창피해할 필요도 없단다. 그렇다고 해서 반드시 자기 집에 대해 말해야 하는 것도 아니고. 일부의 어떤 사람들은 엄마 아빠가 따로 살고 있는 두 집에서 살면서 부모들로부터 사랑을 받으며, 강한 정서적 유대

감으로 묶여 있는 아이들과 어른들 속에서 행복하게 자랄 수 있다는 점을 상상하지 못한단다. 살아가면서 어려운 일에 부딪칠 때, 이혼한 부모의 아이들은 모든 게 이혼 때문이라고 설명하는 어른들의 말을 쉽게 듣지. 그들의 말에 따르면 학교 성적이 나쁜 이유? 그것도 이혼 때문이란다. 형제들끼리 싸우는 것도? 그 역시 이혼 때문이지. 부모와 싸우는 건? 역시 이혼 때문이란다. 우스운 일이지. 가정의 질은 법적인 상태가 아니라 한 세대에서 다음 세대로 이어지는 사랑과 신뢰의 양이 얼만큼이냐에 따라 달라지는 거야.

Q 여러 조각일 때도요?

가정이 수많은 덩어리나 단 한 개의 덩어리로 이루어진다 해도, 우리에게는 오직 하나의 가정이 있을 뿐이란다. 부모가 이혼했다고 부모를 잃는 건 아니야. 그들은 지금, 거기, 아주 가까운 곳에 있으면서 만날 때마다 최상의 것을 주려고 애쓴단다. 아이들은 마음속 깊은 곳에 부모를 간직하면서 차례로 한번은 엄마를, 또 한번은 아빠를 만나고, 그들의 차이점으로 인해 내면을 더욱 풍부하게 가꿀 수 있단다. 이혼은 가정을 없애는 게 아니라 가정을 더 크게 넓히고 우리의 출발점이었던 핵을 무수히 많은 사람들이 연결된 연결망으로 변형시키지. 이 연결망의 각 지점에 그 안에서 누군가 우리를 기다리고, 사랑하고 있다는 것을 느끼게 되는 가정의 안온함이 있을 때, 잠시 멈춰 몸을 녹이고 쉬거나 재충전할 수 있는 열린 공간이 있을 때, 우리는 두려움을 버리고 그리로 달려가 신뢰감 속을 헤엄칠 수 있는 거란다……

파트리시아 루카스 는미술 중개인이며 16세, 14세, 6세 된 세 아이들의 어머니이다. 스테판 르로이는 편집자로 12세, 9세 된 두 아이들의 아버지이다. 이 두 사람은 각자 이혼한 후 만나 다섯 아이들과 함께 살고 있다.

이은민
서강대학교 불어불문과 졸업
서강대 불어불문과 대학원 졸업
역서: 《이미지의 폭력》《동양과 서양 사이》
《무관심의 절정》《하나이지 않은 성》
《청소년을 위한 이야기 경제학》《삶의 기쁨들》
《제7의 봉인》《폭력과 여성들》

현대신서
300

아이들에게 설명하는 이혼

초판발행 : 2006년 2월 10일

東 文 選

제10-64호, 78. 12. 16 등록
110-300 서울 종로구 관훈동 74
전화 : 737-2795

ISBN 89-8038-812-8 04330
ISBN 89-8038-050-X(세트 : 현대신서)

東文選 現代新書 18

청소년을 위한 철학교실

알베르 자카르

장혜영 옮김

"무엇을 질문하고 어떻게 대답할 것인가?"

철학은 끊임없는 질문과 답변 가운데에 있다. 질문은 진리에 대한 탐색이요, 답변은 존재와 세계에 대한 해석이다. 우리는 철학을 통해 존재의 근원에 이른다. 이 책은 프랑스 알비의 라스콜 고등학교 철학교사인 위게트 플라네스와 철학자 알베르 자카르 사이의 철학 대담으로 철학적 질문과 답변의 과정을 명쾌히 보여 준다.

이 책에는 타인·우애·정의 등 30개의 항목에 대한 철학자의 통찰이 간결하게 살아 있다. 철학교사가 사르트르의 유명한 구절, 즉 "지옥, 그것은 바로 타인이다"에 대해 반박을 요청하자, 저자는 그 인물이 천국에 들어갔다면 그는 틀림없이 "천국, 그것은 바로 타인이다"라고 이야기했을 것이라고 답한다. 결국 타인들은 우리의 지옥이 아니며, 그들이 우리와의 관계를 받아들이려 하지 않을 때 지옥을 만들어 낸다고 말한다.

그렇다면 행복에 대해 이 철학자는 어떻게 답할까? "나에게 행복이란 타인들의 시선 안에서 스스로를 아름답다고 느끼는 것입니다"는 것이 그의 답변이다. 이 책은 막연한 것들에 대해 명징한 질문과 성찰로 우리가 새로운 질문을 던지고, 스스로 그 답을 찾을 수 있는 실마리를 제공한다.

東文選 現代新書 102

글렌 굴드, 피아노 솔로

미셸 슈나이더

이창실 옮김

캐나다 태생의 전설적인 피아니스트 글렌 굴드에 관한 전기
정상에 오른 32세 나이에 무대를 완전히 떠났으며, 결혼도 하지 않고, 50세라는 길지 않은 생을 살았던 천재적인 피아니스트 글렌 굴드에 관한 전기나 책들이 외국에서는 이미 많이 나왔으나 국내에는 처음으로 번역 소개되었다.

삐걱거리는 의자, 몸을 흔들며 끙끙대는 신음, 흥얼대는 노래, 다양한 음색, 질주하는 템포, 악보를 무시하는 해석, ……독특한 개성으로 많은 음악애호가들의 사랑을 받아 왔던 글렌 굴드의 무대 경력은 불과 9년에 불과했다. 30세가 되면 연주회를 그만두겠다고 밝힌 바 있었으며, 32세에 이를 실행하였다. 50세에는 녹음을 그만두겠다고 했다가 50세가 되던 다음 다음날 임종했다. 짧다면 짧고 단순하다면 단순하다고 할 수 있는 이 연주가에 대해 한 편의 전기를 쓰는 일이 결코 쉬운 일이 아니었을 것이나, 여기서 저자는 통상적인 전기물의 관례를 깨뜨린 채 인물의 내면으로 곧장 빠져 들어감으로써 보다 강렬한 진실을 열어 보이는, 예기치 못한 방법으로 그의 삶과 예술 세계를 조명하고 있다. 그리하여 그동안 그의 음악을 들어 오던 독자들로 하여금 평소에 생각했던 점들이 너무도 또렷한 언어들로 구현되고 있다는 느낌을 떨쳐 버릴 수 없도록 해주고 있다. 굴드의 연주에 대한 날카로운 분석은 물론 그런 연주와 밀접하게 얽혀 있는 한 삶에 대한 저자의 이해와 긴 명상에 동참하는 기쁨을 누리게 해준다.

東文選 現代新書 106

철학이란 무엇인가

에드워드 크레이그

최생열 옮김

우리는 어떻게 살아야 하는가? 실제로 무엇이 존재하는가? 우리는 어떻게 아는가?

생동감 있고 매력적인 이 책은, 철학이 무엇이고 누구를 위한 것인지 하는 문제로 당혹해한 경험이 있는 사람들에게 이상적인 입문서이다.

E. 크레이그는 철학이 다른 행성에서 이루어지는 활동이 아니라고 주장한다. 그것을 배우는 것은 우리 대부분이 이미 행하고 있는 것을 넓혀 주거나 심화시켜 주는 문제이다. 그는 철학이 단순히 지적인 시간 보내기가 아니라는 사실을 보여 준다. 플라톤·불교도 저자·데카르트·홉스·흄·헤겔·다윈·밀, 그리고 보부아르 같은 사상가들이 실질적인 문제들과 사건들에 대응하고 있었다——그들의 저서 상당수가 오늘날 우리의 삶을 형성하고, 그들의 관심거리가 여전히 우리 자신의 것들로 남아 있다.

E. 크레이그는 케임브리지대학교 철학 교수이자 처칠대학교의 특별 연구원이다. 또한 함부르크·하이델베르크·멜버른대학교의 객원 교수를 역임했다. 그의 저서로는 《신의 마음과 인간의 업적》(1987), 《지식과 본성의 상태》(1990)가 있다. 그는 《루틀리지 철학백과사전》의 총편집인이다.

東文選 現代新書 113

쥐비알

알렉상드르 자르댕

김남주 옮김

아버지의 유산, 우리들 가슴속엔 어떤 아버지가 자리하고 있는가?

정신적 지주였던 아버지에 관한 자전적 이야기인 이 작품은, 소설보다 더 소설적인 부자(父子)의 삶을 감동적으로 담아내고 있다. 자녀들에게 쥐비알이라는 애칭으로 불렸던 그의 아버지 파스칼 자르댕은 여러 편의 소설과 1백여 편의 시나리오를 남겼다. 그 또한 자신의 아버지, 그러니까 저자의 할아버지에 대한 소설 《노란 곱추》를 발표하였으며, 이 작품 또한 수년 전 한국에 소개된 바 있다. 하지만 자유 그 자체였던 그의 존재 이유는 무엇보다도 여자를 사랑하는 일에 있었다. 그의 진정한 일은 여인을 사랑하는 것이었다, 특히 자신의 아내를.

그는 열여섯의 나이에 아버지의 여자친구인 거대한 재산 상속녀의 침대로 기운차게 뛰어들어 그녀의 정부가 되었으며, 자신들의 관계를 기념하기 위해 베르사유궁의 프티 트리아농과 똑같은 저택을 짓게 하고 파티를 열어 그의 아버지를 초대하는가 하면, 창녀를 친구로 사귀어 몇 달 동안 하루도 거르지 않고 서너 차례씩 꽃다발을 보내어 관리인으로 하여금 그녀가 혹시 공주가 아닐까 하는 착각에 빠지게끔 만들기도 하였다. 그런가 하면 자신의 어머니의 절친한 연인의 해골과 뼈를 집 안에 들여다 놓고, 그것이 저 유명한 나폴레옹 외무상이었던 탈레랑의 뼈라고 능청스레 둘러대다가 탄로나서 집 안을 발칵 뒤집히게 하는 등, 기상천외한 기행과 사랑의 모험을 한순간도 멈추지 않았다. 심지어 죽어서까지 그의 영원한 연인이자 아내였던 저자의 어머니에게 끊임없이 무덤으로부터 열렬한 사랑의 편지가 배달되게 하는가 하면, 17년이 지난 오늘날까지 그의 아내를 포함하여 그를 사랑했던 30여 명의 여인들을 해마다 그가 죽은 날을 기해 성당에 모여 눈물을 흘리게 하여, 그가 죽음으로써 안도의 숨을 내쉬었던 그녀들의 남자들을 참담하게 만들기도 하였다. 스위스의 그의 무덤에는 하루도 빠짐없이 지금까지도 제비꽃 다발이 놓이고 있다.

東文選 現代新書 174

교육은 자기 교육이다

한스 게오르크 가다머
손승남 옮김

  30쪽 분량도 채 안 되는, 책이랄 것도 없는 이 작은 문건이 파문을 던진 것은 너무나 평범하면서도 핵심을 찌르는 통찰을 담고 있기 때문이다. 가다머는 "교육은 언제 시작되는가"라는 물음을 던지면서 이야기를 시작한다. "말을 배우기 이전에 이미 아기는 뭔가를 잡을 수 있다는 것에 대해 만족스러워하며 그때 최초의 행복감을 느끼고 있음을 알 수 있습니다. 여기서 아기는 집에 있는 것과 같은 편안함을 느낍니다. 그러나 아기들은 자기가 극복하기 힘든 낯선 환경에 처하면 심하게 울게 됩니다."

  '집에 있는 것과 같은 편안함과 낯선 환경의 도전'은 인간이 성장하는 매 단계에서도 반복된다는 것이 가다머의 주장이다. 그런 점에서 부모가 모두 직장에 나가서 아이들이 TV 앞에 방치되는 상황의 문제점을 지적한다. "대중매체가 인간 형성에 줄 수 있는 위험성을 우리는 결코 과소평가해서는 안 됩니다. 올바른 인간성을 길러주는 데 있어 자신의 고유한 판단력을 계발하고 실행하도록 가르치는 일만큼 중요한 것도 없습니다."

  외국어 학습도 예외는 아니다. "교재를 읽거나 쓰는 식의 외국어 습득은 정상적인 방법이 아닙니다. 정상적인 방법은 대화를 통해서입니다. 그래야 낯선 감을 느끼고 대화를 통해 극복함으로써 다시 '집에 있는 것과 같은 편안함'을 되찾게 되는 것입니다."

  이런 맥락에서 가다머는 교육은 교사가 학생들에게 어떤 결과물을 넣어주는 것이 아니라 "새로운 세대로 하여금 자기 활동을 통해 자신의 결함을 극복할 수 있도록 능력을 길러주는 일"이라고 정의한다.

東文選 文藝新書 2001

우리 아이들에게
어떤 지표를 주어야 할까?

장 뤽 오베르 / 이창실 옮김

　가족이 해체되고, 종교와 신앙·가치들이 의문에 부쳐지고, 권위와 교육적 기준들이 흔들리고 있다. 오늘날 전통적 지표들이 동요하고 있는 것이다. 그런데 아이가 밝고 건강하게 자라기 위해서는 반드시 지표들이 주어져야 한다. 그렇지 못할 경우에 극단적인 태도로 기울어질 위험이 있기 때문이다.
　교육심리학자이자 여러 저서의 저자이기도 한 장 뤽 오베르는, 아이들과 부모들에 대한 일상의 관찰에 힘입어 다음의 질문들에 대답하고 있다.

- 갓난아이, 어린아이, 청소년에게는 어떤 지표들이 반드시 필요한가?
- 아이를 과잉보호하지 않고 어떻게 안심시킬 수 있을까?
- 왜 다른 교육이 필요한가?
- 청소년기의 위기 앞에서 어떻게 반응해야 할까?
- 건전한 지표들과 불건전한 지표들을 어떻게 구별할 수 있을까?
- 무엇이 아이에게 강한 정체성을 부여하는 것일까?
- 쾌락과 관련된 지표들이 어떤 점에서 중요한가?
- 아이들은 신앙을 필요로 하는가?

　본서는 부모들의 필독서로서, 그들에게 반성의 실마리 및 조언을 주어 자녀들이 절대적으로 필요로 하는 지표들을 제공할 수 있도록 한다. 그리하여 아동이 속박이나 염려스러운 불분명함 속에 방치되는 일 없이 교육을 통해 적절한 균형을 찾을 수 있도록 도와 준다. 또한 현재와 미래의 행복한 삶을 위한 성공의 조건들을 하나하나 제시해 나간다.

東文選 文藝新書 2002

상처받은 아이들

니콜 파브르

김주경 옮김

　우리가 유년기를 아무리 구름 한 점 없는 행복한 시기로 꿈꾼다고 해도, 그 시기가 우리의 바람처럼 언제나 낙원인 것은 아니다. 유년기 속에는 여러 가지 함정, 크고 작은 시련들이 숨겨져 있다. 아이는 이러한 것들 덕분에 자신을 튼튼히 세워 가기도 하고, 또한 이러한 것들 때문에 상처를 입을 위험도 있다.

　가정과 학교에서 어른들은 때때로 아이들에게 아픔을 주기도 하고, 그들의 고통스러운 외침에 귀를 닫기도 한다. 또 곁에 없는 부모로 인해 상처를 입은 아이가 생기는 것은, 아이에게 그 부모의 빈자리를 제대로 설명하지 못했기 때문이다. 뿐만 아니라 어떤 사실에 대해 아이에게 전혀 말을 하지 않고 비밀을 만드는 것은 아이를 무력하게 만들며, 삶의 의욕마저 앗아 갈 수 있다. 아이의 허약한 육체나 질병도 삶에서 심리학적인 문제를 가져올 수 있다. 유년기에는 이처럼 찔리고 터지고 깨지고 찢어진 온갖 상처들이 존재할 수 있다. 그런데도 흔히 우리는 아이가 표현할 수 없는, 혹은 표현할 줄 모르는 고통 같은 것은 옆으로 제쳐 놓기 십상이다.

　담임 선생님을 싫어하는 파비앙, 어머니의 비극적인 죽음을 가슴에 묻어두었던 상드라, 침묵에 짓눌린 프랑크, 뱃속에서부터 이미 손상되었던 세브랭의 경우 등을 통해서 정신분석가 니콜 파브르는 상처가 밖으로 표현됨으로써 아물어 가는 것을 보여 주고 있다. 그녀는 치료 과정에서 심리요법이 하는 역할과 아이가 정신분석가에게서 구할 수 있는 도움을 놀랍도록 섬세하게 설명해 주고 있다. 시련이란 일단 극복되고 나면 균형잡히게 자라도록 받쳐 주는 개성을 이루는 하나의 흔적이 될 수 있기 때문이다.

東文選 文藝新書 2005

부모들이여, '안 돼'라고 말하라!

파트릭 들라로슈 / 김주경 옮김

"금지하는 것은 금지되었다." 이 역설은 부모의 권위가 실추되어 가고 있는 사회를 폭로한다. 그 사회에서 어머니들은 너무 권위적이 되는 것을 두려워하는 반면, 아버지들은 아버지 이미지가 점차 약해져 가는 것을 두려워한다. 그런데 체험된 경험과 임상 실험에 의한 관찰은 아이가 어른으로 성숙해 가기 위해서는 반드시 한계선을 필요로 한다는 것을 증명해 준다. 자녀에게 감히 '안 돼'라고 말하지 못하는 부모들의 태도는 교육을 돕기보다는 교육의 기준을 무너뜨리고 있다.

- 어디에서 금지가 필요한가?
- 무엇을 거부해야 할까?
- 벌을 꼭 주어야만 할까?
  벌을 줘야 한다면 어떻게 주어야 할까?
- 위반에 대해서 어떻게 반응해야 할까?
- 성에 관한 문제에서는 어떤 태도를 취해야 할까?

정신분석가이자 소아정신과 의사이며, 《문제 있는 청소년기》의 저자인 파트릭 들라로슈 박사는 감히 한번도 안 된다고 말해 보지 못한 많은 아버지와 어머니들이 제기하는 이런 문제들에 답하고 있다. 그는 자녀에게 해서는 안 되는 것을 금지할 때 부모 각자가 해야 할 역할과 기능을 설명하고 금지의 필요성을 정의하면서, 확고하면서도 결코 지나치게 엄격하지 않은 교육을 옹호한다. 그것이야말로 아이가 훗날 의무와 구속의 사회 속에 제대로 자리잡을 수 있도록 도와 주는 유일한 방법이 아니겠는가? 이 요청은 심리학적 개념들이 너무나 자주 잘못 이해되고 있는 탓에 희생자가 되어 버린 많은 부모들을 죄책감에서 해방시켜 줄 것이다.

東文選 文藝新書 2006

엄마 아빠, 전 못하겠어요!

엠마누엘 리공 / 이창실 옮김

"아이가 자신감이 없어요. 금세 좌절해 버려요. 자기 능력을 의심해요……"라는 말을 부모로부터 자주 듣게 되는데, 이런 지적을 무심코 넘겨서는 안 된다. 아주 어린 시절에 이미 행복하고 균형 잡힌 삶의 바탕이 되는 자긍심이 형성되기 때문이다. 그런데 자아에 대한 내면의 가치 의식이 때로는 나이에 상관없이 아이들에게 결여될 수 있다.

임상심리학자이자 심리치료사인 엠마누엘 리공은 이 책에서 아이가 확고한 자아를 확립하고 안정감을 가질 수 있도록 도우면서, 부모들이 제기하는 다음의 질문들에 답변한다.

- 자긍심은 어떻게 형성되는가?
- 외부의 영향력은 얼마나 큰 비중을 차지하는가?
- 교육의 원칙들로 말미암아 아이가 스스로를 평가절하할 수도 있을까?
- 아이는 어떤 행동들을 통해 자신감의 결여를 드러내는가?
- 어떻게 '적절한 정도'의 칭찬을 해줄 수 있는가?
- 어린아이도 자신을 의심할 수 있을까?
- 자신을 사랑하지 않는 청소년에게 어떤 도움을 줄 수 있을까?

아이가 자신을 사랑하고 존중하도록 돕기. 삶의 각 단계를 넘어설 수 있도록 아이에게 근본적인 신뢰감을 부여하기. 본서는 우리에게 이런 가르침을 주며, 지금까지 너무 자주 소홀히 여겨져 온 주제에 대해 새로운 시야를 열어 보인다.

東文選 文藝新書 292

교육론

장 피아제
이병애 옮김

피아제의 관심은 지성이 어떻게 우리에게 생기는가이다. 그는 아이들에게 어떻게 인지 능력이 생겨나고, 지성이 발달하는지를 이해하고자 하였다. 그리하여 지성의 발달에는 단계가 있고, 가르침에 의해서보다 주체의 활동에 의해서 앎이 이루어진다는 것을 알았다. 따라서 학교에서 교사의 주입식 교육보다 학생의 능동적 참여를 강조하게 된다. 사실 피아제는 교육학자라기보다는 심리학자·인식론자·생물학자로서 많은 연구 업적을 쌓았다. 그러나 이러한 과학적인 발달 이론을 적용하여 효과적인 교육을 할 수 있다고 보았으므로 교육에 지속적인 관심을 갖고 있었다.

아동 교육에서 선생의 역할은 무엇이며, 그 중요성은 어떠한가? 아동의 정신 안에 세계를 이해하게 할 도구나 방법을 형성해 주어야 하는가? 아동의 질문에 대답해 주어야 할까, 아니면 반대로 권위적인 방식으로 지식을 물어보아야 할까? 아동이 자기 것으로 만들 수 있도록 하려면 어떻게 활동을 제시해야 할까?

교육 방법론, 교사의 역할, 아동의 자율성, 장 피아제는 일생 동안 이러한 주제들을 끊임없이 문제삼았다. 이 책이 말하고 있는 것은 그러한 것들이다. 이 책은 지금까지 일반인들에게 폭넓게 알려지지 않았던 텍스트들을 그 연속성 안에서 이해할 수 있게 해줄 것이다.

아동 인지 발달 이론의 전문가인 장 피아제(1896-1980)는 20세기의 가장 위대한 심리학자라고 모든 사람이 생각하고 있다.

소설로 읽는 세계의 종교와 문명

테오의 여행 (전5권)

카트린 클레망 / 양영란 옮김

★**세계 각국 청소년 추천도서**
★**이달의 청소년 도서** (대한출판문화협회)
★**98 올해의 좋은 책** (전국언론노동조합연맹)
★**99 좋은 책 100선** (중앙일보사)

마음을 열고 영혼을 진정시켜 주는 책!
세상 끝까지 따라가는 엄청난 즐거움!
세계의 문명에 눈뜨게 해주는 책!
큰사람으로 만들어 주는 신의 선물!

    열네 살짜리 소년을 동행한 신화와 제식의 세계 여행. 불치의 병에 걸린 주인공 테오는 '지상의 수많은 사람들이 어떻게 신을 믿고 있는가?'에 대해 이해하려고 끊임없이 놀라워하면서 질문한다. 또한 독자들을 '신비의 세계, 보편주의의 세계와 종교의식의 세계'로 안내하면서 '순진한 아이'의 역할을 충실히 해낸다. '하늘과 땅을 연결시키기 위해' 인간들이 구축해 놓은 세계 곳곳의 성소들을 찾아 나서서, 온갖 종교의 성자들과 친구들을 만난다. 그리고 그들이 '무엇을, 왜 믿는가'를 우리에게 들려 준다. 마침내 여행이 끝나면 우리는 '종교의 역사는 관용의 역사이기도 하다'라는 말을 이해하게 되고, 세계의 문명에 대한 균형된 시각을 가지게 될 것이다. 또한 짚더미에서 보석을 찾는 것처럼 세상의 모든 것들 속에 존재하는 '진실의 알곡'을 찾을 수 있다는 것도 배우게 될 것이다. 다시 말해 "야유하지 말고, 한탄하지 말며, 악담하지 말라. 하지만 이해하려고 노력하라"고 한 스피노자의 말이 우리의 것이 될 터이다.

《르몽드》

나비가 되어 날아간 한 남자의 치열하고도 아름다운 생의 마지막 노래. 세상에서 가장 아름답고도 애절한 이야기가 비틀스의 노래와 함께 펼쳐진다.

잠수복과 나비

장 도미니크 보비 / 양영란 옮김

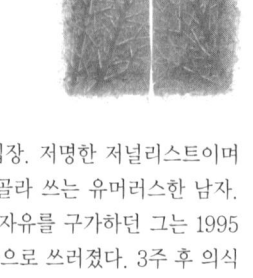

 장 도미니크 보비. 프랑스 《엘르》지 편집장. 저명한 저널리스트이며 두 아이를 둔 자상한 아버지. 멋진 말을 골라 쓰는 유머러스한 남자. 앞서가는 정신의 소유자로서 누구보다도 자유를 구가하던 그는 1995년 12월 8일 금요일 오후 갑작스런 뇌졸중으로 쓰러졌다. 3주 후 의식을 회복했으나, 그가 움직일 수 있는 것은 오직 왼쪽 눈꺼풀뿐. 그로부터 그의 또 다른 인생, 비록 15개월 남짓에 불과한 '새로운' 인생이 시작되었다.

 유일한 의사 소통 수단인 왼쪽 눈꺼풀을 20만 번 이상 깜박거려 15개월 만에 완성한 책 《잠수복과 나비》. 마지막 생명력을 쏟아부어 쓴 이 책은, 길지 않은 그의 삶에서 일어났던 일화들을 진솔하게 묘사하고 있다.

 그러나 그의 이야기는 유머와 풍자로 가득 차 있다. 슬프지만 측은하지 않으며, 억지로 눈물과 동정을 유도할 만큼 감상적이지도 않다. 오히려 멋진 문장들로 읽는 이를 즐겁게 해준다. 그리하여 살아남은 자들에게 희망과 용기를 주며, 삶의 그 모든 것들이 얼마나 소중한가를 새삼 일깨워 준다. 아무튼 독자들은 이제껏 경험해 보지 못한 진한 감동과 형언할 수 없는 경건함을 맛보게 될 것이다.

 《잠수복과 나비》는 출간되자마자 프랑스 출판사상 그 유례가 없는 엄청난 베스트셀러가 되었으며, 보비는 자기만의 필법으로 쓴 자신의 책을 그의 소중한 한쪽 눈으로 확인한 사흘 후 옥죄던 잠수복을 벗어 던지고 나비가 되어 날아갔다. 자유로운 그만의 세계로……

 국영 프랑스 TV는 그의 치열하고도 아름다운 마지막 삶을 다큐멘터리로 2회에 걸쳐 방영하였으며, 프랑스 전국민들은 이 젊은 지식인의 죽음 앞에 최대한의 존경과 애도를 보냈다.